사랑하고 또 사랑하고 용서하세요

사랑하고 또 사랑하고 용서하세요

초판 1쇄 2009년 3월 9일
초판 3쇄 2009년 4월 2일
지은이 구중서
펴낸이 김영재
펴낸곳 책만드는집

주소 서울 마포구 합정동 428-49번지 4층 (121-886)
전화 3142-1585·6
팩스 336-8908
전자우편 chaekjip@chol.com
출판등록 1994년 1월 13일 제10-927호
ⓒ 구중서, 2009

지은이와의 협약에 의해 인지를 따로 붙이지 않습니다.
잘못된 책은 구입하신 서점에서 바꾸어드립니다.

ISBN 978-89-7944-301-1 (03810)

이 도서의 국립중앙도서관 출판시도서목록(CIP)은 e-CIP
홈페이지(http : ///www.nl.go.kr/cip.php)에서 이용하실 수 있습니다.
(CIP제어번호 : CIP2009000606)

김수환 추기경 평전

사랑하고 또 사랑하고 용서하세요

구중서 지음

책만드는집

| 책머리에 |

　나는 1981년에 『대화집 : 김수환 추기경』이란 제목으로 책을 냈다. 사회 언론 지면들이 김수환 추기경을 인터뷰한 글들을 모아서 엮은 것이다. 그 책의 뒤끝에 나는 짤막한 〈편자의 말〉을 실었다.
　"내가 김수환 추기경님 그늘에 들어선 지 어느덧 만 10년이 넘었다……."
　서두가 이렇게 되어 있다. 책이 나온 뒤에 어떤 이가 내게 말하기를 "추기경의 그늘에 들어섰다는 표현이 실감 있게 읽혔다"라고 했다.
　나는 그때 천주교 서울 대교구가 경영하는 가톨릭출판사의 편집 주간이었는데 그 회사가 간행하는 모든 책의 발행인이 김수환 추기경이었다. 교구장의 집무실이 있는 구 주교관 건물이 가톨릭출판사 건물과 ㄱ 자로 이어져 있었다. 두 건물이 같은 마당을 썼다.

나는 외출을 하려고 마당에 나섰다가 우연히 김수환 추기경을 만났다. 김 추기경은 내 손을 잡고, 지낼 만하냐고 은근히 보살핌의 마음을 표했다. 평소에 같은 울안에서 지내는 셈인데도 어느 해에 나는 김 추기경의 성탄절 카드를 받았다.

"저를 도와주시고…… 늘 선생님께 희생을 강요하고 있는 것 같은 죄책감이 큽니다. 모든 것을 용서하십시오."

아직 30대의 젊은 나에게 김수환 추기경은 '선생님'이라고 불렀다. 외부 언론계에서 인터뷰를 하러 오는 젊은 기자들에게도 김수환 추기경은 '선생님'이라고 불렀다.

마치 조선 시대의 대학자인 퇴계 이황 선생과 남명 조식 선생이 사람에 대한 '공경敬'을 존중했던 것을 연상시킨다. 행여 누구에게 소홀할까, 겸허를 다해 사람을 대하는 태도다.

이렇게 신중한 인격의 고위 성직자가 1970년대와 80년대에 이 나라의 민주화를 위해 과감하게 사회참여의 선봉에 섰다. 1971년 성탄절의 명동 대성당 자정미사 강론에서부터 1987년 6월 항쟁의 마무리에 이르는 현장의 복판에 김수환 추기경이 있었다.

나는 1971년 여름에 처음으로 천주교 서울 대교구의 주교관 마당에 들어섰다. 서울 대교구가 경영하는 가톨릭출판사가 일제하 1930년대부터 간행해오던 월간 잡지 《가톨릭 청년》의 제호를 《창조》로 바꾸었다. 이 잡지를 사회 서점에도 내어놓는 지성지로 만드는 계기에 내가 참여하게 된 것이다.

당시의 사회 여건은 전반적으로 어려운 형편이었다. 바로 다음 해의 유신헌법 선포를 미루어 보더라도 박정희 대통령의 경직된 정치가 절정에 다가가고 있는 현실이었다. 김수환 추기경은 이미 지난봄에 교회에서는 처음 있는 시국 관계 성명서를 발표한 바 있었다.

이러한 상황에서 나는 《창조》의 9월 창간호 편집 계획표를 짜가지고 발행인에게 보고를 하게 되었다.

출판사 사장 신부와 영업 계통의 수녀와 편집 기자 전원이 좁은 공간인 김 추기경 집무실에 들어가 앉았다. 김수환 추기경이 우리가 앉은 테이블의 한 의자에 착석하고, 내가 편집 계획을 설명해나갔다. 잡지 바탕에는 가톨릭교회의 정신을 깔지만 필진은 사회에서 권위 있고 첨단적인 지성인들로 채우겠다고 했다.

보고를 끝냈는데 김수환 발행인은 가타부타 아무 언급이 없었다.

"모쪼록 이런 점에 계속 유의해달라"라는 한마디의 당부도 없었다.

편집팀 사람들은 김 추기경의 집무실에서 나와 출판사로 돌아왔다. 그날부터 나는 원고 청탁을 개시하고 편집 업무를 진행했다. 발행인이 창간호의 권두언을 「인간 회복, 새 역사 창조 위해」라는 제목으로 몸소 집필했다.

나는 명동 대성당에서 김수환 추기경이 집전하는 미사에 참여했었다. 그때 영성체 무렵에서 김 추기경이 그레고리안 성가 같은 음율에 목소리를 실어 "신앙의 신비여~"를 발성할 때에는 그 어느 사제의 집전 때와는 다른 감동이 느껴졌다.

서울 명동 거리 복판에 있는 바오로 서원 2층에서 언젠가 김 추기경이 교양 강좌의 자리를 가진 적이 있다. 그 자리에서도 나는 들었다.

"사랑 없이는 살아도 신비 없이는 살 수가 없다."

김 추기경이 한 말씀이다. 사람이 한 생애를 살아간다는 것이 실로 얼마나 기적같이 위기를 모면하며 살아남는 일인가. 그래서 삶은 은총이요, 신비라고 생각할 만하다.

나는 김수환 추기경의 침묵에서 신비에 찬 신앙을 느낀다. 인간의 진실은 영원에 이어지며 불변한다는 믿음이라고 생각한다. 내가 김수환 추기경의 그늘을 느낀다는 것도 그의 그러한 믿음으로부터 어떤 평화를 전해 받는 것이다.

뒤에 알게 된 일인데 김수환 추기경은 대구에서 〈가톨릭시보〉(오늘의 〈가톨릭신문〉) 사장으로 있을 때에 교회와 사회의 소통을 신문의 가장 중요한 사명으로 생각하며, 식사하는 시간도 아까워할 만큼 열정을 쏟아 일했다고 한다. 바로 그러한 성격이 내가 《창조》에 담고자 했던 내용과 일치했다고 생각된다. 그것이 《창조》의 편집 계획을 내가 설명하는 데 대해 김수환 추기경이 침묵을 지킨 이유였던 것 같다. 이것도 말하자면 하나의 신비 같은 것이다. 그 뒤에 나는 학교 강단으로 일터를 옮겼다. 그러나 그의 그늘에서는 여전히 떠나지 않았다.

이제 내가 김수환 추기경에 관해 어떤 표현을 시도하는 것은 외람한 일이다. 그러나 세상의 역사에서는 하나의 기억, 하나의 증언에 의미가 있을 수 있다. 그 어려웠던 민주화가 다 이룩된 뒤에는 막상 김수환 추기경의 지난 발자취에 대해 잘 모르거나 사실과 다르게 말하는 이도 있다. 역사적 사실을 사실대로, 소중한 것을 소중하게 아는 것이 긴요하다. 이러한 마음가짐이 없는 터전에서는 역사가 발전할 수 없다.

　한 시대의 위인도 인간으로서의 한계는 가지고 있다. 그러나 김수환 추기경은 자신의 당대적 역할을 탁월하게 수행했다. 그가 떠난 뒤에 남은 일들은 뒤 세대의 사명이다. 오늘 우리는 우리의 사명을 성공적으로 수행하고 있는가? 자성할 문제들이 무겁게 우리의 어깨에 지워져 있다.

구중서

| 차례 |

책머리에 _4

1부 ♣ 아름다운 시골 성당

    시골 성당의 젊은 신부 _15
    독일 뮌스터 대학으로 유학 _20
    가난한 순교자 가문 _26
    민족이 나를 부르면 _31
    인간을 위하여 _40

2부 ♣ 누룩으로 들어가야

    냉장고 한 대의 부정 _51
    누룩은 밀가루 반죽 속에 들어가야 _60
    구르는 바위 _65

3부 ♣ 《창조》 잡지를 내며

    인간적인 모습 _91
    시대 현실의 격동 _95
    문화의 마당 _107

*PRO VOBIS ET
PRO MULTIS*
너희와 모든 이를 위하여

4부 ✠ 비폭력의 승리

　　가진 것은 양심뿐 _115
　　항쟁이 승리한 날 _129

5부 ✠ 하나의 진리로 가는 다른 길들

　　말 없는 도올 _141
　　유교와 천주교의 만남 _149
　　석굴암 앞에서 _163

6부 ✠ 역사 바로 보기

　　정이 부족한 세상 _175
　　사실은 사실대로 _188

1부

아름다운 시골 성당

시골 성당의 젊은 신부

한 사람의 생애를 생각하면서 그가 고되고 치열하게 산 시기부터 보는 것은 가파르고 숨이 찬다. 좀 여유를 가지고 그의 마음이 편했던 아름다운 시절부터 보는 것이 좋다. 그러한 때를 가리켜 목가풍의 시절이라고도 한다.

김수환 추기경에게도 목가풍의 시절이 있었다. 그것은 가난한 시골 성당 신부로 지내던 시절이다. 그는 1951년 9월 15일(음력 8월 15일)에 대구 계산동 성당에서 사제로 서품되고서 바로 안동 성당(지금의 목성동 주교좌성당)의 주임신부로 발령을 받았다. 그의 나이 갓 서른이었다.

프랑스의 가톨릭 작가 베르나노스가 쓴 『어느 시골 성당 신부의 일기』라는 소설이 있다. 역시 목가풍의 시골 분위기지만 성당의 주임신부는 일부 신자들이 착하지 않은 마음씨를 가지고 정신적 가치를 파괴하며 신부를 괴롭히는 데 대해

악전고투를 벌여나간다. 끝내 신부는 사랑으로 인내하며 승리를 거두지만 이 승리에도 '하느님의 은총이 있음을 알아야 온전한 성취' 라는 것이 주제다.

그러나 젊은 김수환 신부에게는 서양의 근대 교회에 이미 대두한 비인간화 풍조로 인한 갈등과 정신적 고투가 없었다. 또 그리스도교의 성서에 원래 있는 원죄의 뿌리라든가 카인과 같이 착하지 않은 사람들의 세력에 대응해 계속 고투하게 되는 입장도 아니었다.

가난하지만 착하고 정이 많은 한국의 시골 성당 신자들과 더불어 안온하고 행복하게 살아갔던 나날이다. 이것은 동양 문화의 전통 안에 있는 성선설性善說이라든가 무위자연無爲自然과도 같은 분위기다.

다만 6·25 전쟁으로 인해 더욱 피폐해진 농촌의 경제적 궁핍만이 문제였다. 명색이 한 성당의 주임신부이면서도 밥을 제대로 얻어먹을 질서도 잡혀 있지 않았다.

김수환 신부는 궁리를 한 끝에 당시 부산에 자리 잡고 있던 가톨릭구제회라는 데를 찾아가 보기로 했다. 이 구제회는 미국 가톨릭주교회의가 전개하는 구호 사업의 한국 지부였다. 그는 지부장인 제오르지오 주교를 만나서 경상도 시골 성당의 지나친 궁핍에 대해 도움을 줄 수 있겠느냐고 물었다.

일찍이 학병으로 일본군에 징집되어 나갔던 때에도 김수환 학병은 조선인 동포들의 곤경에 대해 미군 지휘부에 설명을 해서 조선인 병사들과 노무자들을 따로 빼내어 미군들과 같은 수준의 식사를 하다가 귀국하게 한 일이 있었다.

이번에도 김수환 신부는 자신에게 딸린 가난한 성당 신자들에게 기적과도 같이 도움을 줄 수 있는 일을 이루어낸다. 구제회의 안 주교가 수표 한 장을 내주면서 대구 교구 최덕홍 주교에게 전달하라고 한 것이다. 안 주교는 최 주교 앞으로도 편지를 써주며 함께 가지고 가라고 했다.

대구 교구장 최 주교가 김수환 신부에게 물었다. 부산 구제회에서 얻어 온 돈의 얼마쯤을 나누어 가지고 가겠느냐고. 김 신부는 주교님이 주시는 대로 받겠다고 했다. 최 주교는 절반을 가지고 가라고 했다. 절반의 액수는 천만 원이었다.

부산에서 2천만 원짜리 수표를 받았을 때에도 그 엄청난 액수에 크게 놀랐었다. 이 돈을 대구 교구장에게 전달하면 그중에서 3백만 원쯤만 받아도 참 좋겠다고 내심으로 생각했었다. 그런데 천만 원을 받다니. 1951년 6·25 전쟁 당시 천만 원이란 돈은 놀랄 만한 거액이었다.

이 지원금을 받아가지고 돌아온 김수환 신부는 우선 성당 건물의 보수를 시작했다. 그리고 신자들의 가정 형편을 두루 조사했다. 그리하여 고해소에서 은밀히 신자들을 만날 때에 그 신자에게 필요한 만큼의 돈을 주었다. 고해소에서 있었던 일, 즉 돈을 얼마 받았다는 것을 밖에 나가서 다른 사람에게 발설하는 일이 절대로 없어야 한다고 주의를 주었다. 과연 이 돈의 분배 문제가 뒤탈을 일으키는 일은 일어나지 않았다.

다만 신자들이 성당의 젊은 주임신부를 너무 좋아했다. 신부가 볼일이 있어서 대구 교구청에라도 가는 날이면 신자들은 성당이 텅 빈 것 같다고 하며 불안한 듯이 성당 주변을 서성거렸다. 그러다가 김 신부가 꼬리에 흙먼지를 일으키는 버스를 타고 마을로 돌아오면 신자들은 버스 정류장까지 몰려와 마중을 했다. 가난하면서도 순박하기 그지없는 시골 본당 신자들의 그 깊은 정에 김수환 신부는 눈시울이 뜨거워질 지경이었다.

1955년에 김수환 신부는 경북 김천 성당(지금의 황금동 성당)의 주임신부로 갔다. 이 성당은 성의여자중·고등학교도 경영하고 있었다. 성당의 주임신부이면서 학교의 교장도 겸했다. 성당과 학교가 같은 울타리 안에 있고, 신부의 사제관이 교장실이기도 했다. 김수환 신부는 매일 여학생들이 참새 떼처럼 재잘거리는 소리를 들으며 지냈다. 학교 운동장에서 교장 신부가 여학생들과 장난을 치며 놀기도 했다.

신설 단계의 학교였는데 제1회 졸업생 40명이 졸업식 날에 헤어지기가 섭섭하다고 울면서 교장 신부의 사제관에서 잔 일도 있다. 이 여학생들 중에서 두 명은 졸업 후 수녀원에 들어가서 1970년대와 80년대에 자기네가 속한 수녀원의 총원장이 되기도 했다. 두 군데 시골 성당의 신자들과 여학교 제자들은 김수환 추기경이 노년에 이르기까지 1년에 한 번 정도라도 만나서 옛 추억을 더듬으며 정을 나누었다.

황혼기에 접어들어서도 김수환 추기경은 생각했다.

'내 일생에 있어서 가장 아름다웠고 그리운 시절은 시골 성당 신부로 있던 때였다. 제도적으로 가능한 일이라면 주교의 복장을 벗고 가난하지만 다정한 사람들이 있는 시골 성당의 신부로 돌아가고 싶다' 라고.

독일 뮌스터 대학으로 유학

젊은 김수환 신부는 김천 성당의 주임신부로 있다가 독일로 유학을 갔다. 독일 뮌스터 대학에서 그리스도사회학을 전공으로 택해 박사과정을 밟았다.

그가 뮌스터 대학을 택한 것은 그 대학에 요제프 회프너 교수가 있기 때문이었다. 일본 조치 대학 유학 시절의 은사인 독일인 교수 게페르트 신부가 회프너 교수를 소개했다. 회프너 교수의 사회학 이론이 대단히 깊고 건전하다는 이유에서였다.

이미 사제 서품을 받아 본당 신부 시절에 들어섰지만, 김수환 신부는 좀 더 넓은 세계를 알고 깊은 학문을 통해 자기 성장의 계기를 갖고 싶었다. 이렇게 뜻을 세워 나아가는 과정에서 그는 지난 시절의 은사에게 조언을 구했다.

조치 대학의 게페르트 신부는 잊을 수 없는 은사다. 그는 제자인 김수환 학생이 피할 수 없는 상황에서 학병으로 일본군에 입대하게 되었을 때 제자의 머리에 손을 얹고 흐느끼며 울었었다. 압박받는 식민지 조선의 학생으로 가해자인 일본을 위해 목숨을 잃을 위험이 있는 전장에 나가는 제자의 울분을 알고 있었으므로 그 스승은 애석한 마음을 누를 수 없었던 것이다. 그는 한국을 위해 일할 수 있는 기회를 원한다고 했고 뒷날 한국으로 와서 서강대학교를 설립했다.

독일 뮌스터 대학 유학이 3년째로 접어들었을 때 뜻하지 않은 일이 일어났다. 대구 교구 서정길 주교가 오스트리아 가톨릭교회의 초청을 받고 유럽을 방문하게 되었는데 비행기 안에서 감기에 걸린 게 폐렴이 되어 독일에서 결핵 요양원에 입원한 것이다. 이어서 오스트리아로 옮겨 2년간 요양 생활을 하는 동안 김수환 신부가 비서 겸 간병인 역할을 하게 되었다.

긴 2년의 시간이 이렇게 흘러가고 그는 다시 뮌스터 대학에 돌아왔다. 그런데 이번에는 또 다른 일이 생겼다. 그 무렵 한국 정부는 국가 경제를 위해 많은 수의 광부와 간호사들을 독일에 파견했는데, 이렇게 일을 하러 온 한국인들 중에는 가톨릭 신자들이 있었고 신자가 아닌 사람도 있었다. 그런데 신자는 신자대로, 또 비신자는 이러저러한 사정의 상담역으로 한국인 신부를 만나고 싶어 했다. 당시에는 독일에 체재하는 한국인 성직자가 매우 드물었다.

날이 갈수록 동포 근로자들이 김수환 신부에게 전화를 걸고 편지를 하고 또 직접 찾아오는 일이 늘었다. 특히 신자 동포들이 미사를 청하고 고해성사를 받겠다고 하는 데 대해서는 사목자의 신분으로서 피할 수가 없었다. 한편으로는 대학원 공부도 하면서 다른 한편으론 동포 형제 자매들에게 봉사를 하느라고 김수환 신부는 분주한 나날을 보내지 않을 수 없었다.

이때의 김수환 신부의 모습을 독일 현지에서 목격한 이가 있다. 독일의 막스 플랑크 연구소에 연구 교수로 가 있던 김태봉 박사다. 그때 김수환 신부는 복장도 깔끔하게 추스르지 못하고 저고리 어깨에는 비듬이 허옇게 떨어져 있었다고 한다.

대학원에서 회프너 교수는 김 신부의 논문 주제로 '한국의 가족제도'를 배당했다. 이 연구는 유교 전통에 관계되므로 한문 원전들을 많이 다루어야 한다. 이렇게 어려움이 중첩되는 과정에서 지도 교수인 회프너 신부는 또 주교가 되어 뮌스터 교구 교구장 자리로 옮겨 갔다. 그리고 후임 지도 교수는 아무리 기다려도 다시 배정되지 않고 있는 상황이었다.

이 휴학 기간에 마침 제2차 바티칸공의회가 열려서 김수환 신부는 독일인 동료 학우들과 교회의 사회참여 사명과 열린 신앙 자세 등에 관해 유익한 토론을 많이 한 소득은 있었다. 그러나 박사 논문을 쓰고 학위를 받는 일은 아직도 요원하기만 했다.

독일에 유학을 온 지 벌써 7년이 되었는데 학위를 받으려면 10년도 더 걸릴지 모를 일이었다. 김수환 신부는 본국의 대구 교구장에게 "박사 학위를 포기하고 귀국해서 사목에 임하겠다"라고 해 허락을 받았다.

그가 이렇게 귀국을 하려 한 데에는 안동과 김천 등 시골 성당에서 사목을 하던 시절에 대한 그리움도 작용했을 것이다. 그는 어떤 일이 어려움에 봉착하면 "사제에게는 무엇보다 중요한 사목의 일이 남아 있다"라고 했다. 그는 먼 훗날 서울 대교구장이 되고 추기경이 되어서도 정치적 시국 문제로 어려움에 부딪히면 젊은 신부들의 끝없는 투쟁을 만류하면서 "우리의 본령으로 사목의 사명이 따로 있다"라고 했다.

김수환 신부가 7년간 독일에 유학했으면서도 박사 학위 받기를 포기한 이유를 어떻게 정리할 수 있을까. 그는 가난해서 돈을 벌러 독일에 온 동포 형제 자매들에게 봉사하다가 시간을 다 보낸 것이다. 결국 학위 대신 사목을 택한 셈이다.

그런데 김수환 신부는 훗날 서울 대교구장이 되고 1969년에는 추기경이 되는데, 이때에 뮌스턴 대학 시절 지도 교수였던 회프너 주교도 함께 추기경이 된다. 교황으로부터 추기경 임명장을 받는 순서로는 김수환 추기경이 오히려 회프너 추기경보다 먼저였다. 추기경 임명장 수여식이 끝나자 김 추기경은 회프너 추기경 앞으로 가서 스승님보다 먼저 임명장을 받아 죄송하다고 백배사죄하듯 하였다.

회프너 추기경으로서는 뮌스터 대학에서 제자였던 김수환 신부가 한국의 가족제도 연구를 위해서는 한문 고전들을 읽어야 하는데 그것이 너무 어려우니 주제를 바꾸게 해달라고 한 요청을 들어주지 않은 것이 미안하기도 했을 것이다. 그러나 지금 스승과 제자가 함께 추기경이 되고 오히려 제자가 먼저 임명장을 받은 데 대해 후생가외後生可畏의 심경으로 흐뭇해했다.

이와 같은 인연들에 대해 김수환 추기경은 은총이라는 말보다 '신비'라는 말로 표현하기를 좋아한다. '신비'라는 말

안에는 섭리와 은총의 뜻이 포함되면서도 그보다 더 그윽한 조화까지 느끼게 한다. 그리하여 그가 미사 집전 때에 "신앙의 신비여~"를 음송하는 대목에 더 운치가 실리는 것 같다.

돌이켜보면 김수환 추기경의 생애에서 1966년 주교가 되기 이전의 시기를 전반부라 할 수 있다. 그리고 이 시기에 그의 인간적 토대가 구축되었다고 볼 수 있다. 그 토대는 가난한 삶·동포·사목의 요소들로 짜여져 있다. 그러면서 이 요소들은 '신비'라는 하나의 끈에 꿰어져 있다.

가난한 순교자 가문

한국 천주교회는 1784년에 창설되었는데 1791년(신해년)에 조상에 대한 제사 문제로 박해를 받기 시작해서 조선조 말엽 대원군 시대에 이르기까지 1만여 명의 순교자를 냈다. 한국 민족사에서 신라의 이차돈이 불교를 전파하다가 순교를 했고, 종교 관계는 아니지만 조선조 초에 임금에 대한 절개를 지키다가 사육신死六臣이 목숨을 잃었다. 그런데 천주교 신자들은 1만여 명이나 순교를 하다니. 이것은 역사적 사실인데도 일반 사람들이 잘 알지 못하고 역사 교과서에서도 제대로 설명하지 않고 있다.

이것은 천주교 신자들이 박해 시절에 산속으로 피해 다니며 숯을 굽기도 하고 옹기를 굽기도 하면서 연명하느라고 숨어 지내는 교회사를 이루어왔기 때문이다. 그 많은 천주교 순교자들 중에는 신원이 제대로 알려지지 않은 무명 순교자

사제 서품을 받을 때 어머니는 69세였다.

들이 또한 태반이었다.

원래 한국 민족은 평소에 '하느님'이라는 말을 자연스럽게 써오고 있다. 높고 광활하며 일기의 조화에 근거가 되는 '하늘'에다 존칭인 '님' 자를 붙여 부르는 것은 은연중에 우주의 주재자이며 만물의 존재 근원인 절대자를 어렴풋이 알고 공경하는 심성을 갖게 한다. 초기 유교의 인간 심성론도 이와 같은 절대자 하느님을 인식하는 데에서 다르지 않았다.

그리하여 우리 민족에겐 진리와 영원에 대해 신뢰하고 동경하며 하느님에게 순명하는 심성이 마련되어 있는 편이다. 나라의 포졸들이 천주교 신자 마을에 들어오면 신자들은 항거하지 않고 순순히 따라가 목숨을 내놓았다. 이것이 그리스도 신앙에서 말하는 십자가의 길이며 하느님 나라에서의 영생을 향해 가는 길이라고도 생각했다.

김수환 추기경의 조부 보현甫鉉 공도 충청도 논산군 연산면 고정리 일대에서 신자들의 마을을 형성하고 살다가 병인년(1866년) 박해 무렵에 포졸들을 맞이했다. 문중이 광산光山 김씨로 선대에서 관찰사·좌의정 등 관직을 지낸 집안이었다. 보현 공의 가족은 여덟 세대 70여 명의 신자들과 함께 포졸들을 따라가서 거의가 순교했는데 그 형장도 제대로 알려져 있지 않다. 그중에서 조모 강씨姜氏 부인은 임신 중이었는데 국법에 임부는 처형에서 면제하게 되어 있었으므로 살아서 풀려났다. 이 조모가 한데 볏짚 가리 안에서 둘째 아들을 낳았는데 이름을 영석永錫(요제프)이라 지었다. 김수환 추기경의 부친이 된다.

파리 외방전교회 소속으로 서울 명동 성당에서 사목에 임하고 있던 민덕효閔德孝(뮈텔) 신부와 김보록金保祿(로베르) 신부가 충청도 연산의 교우인 양반집 부인이 자식과 함께 거리에서 걸식을 하며 다닌다는 소식을 듣고 수소문해 서울로 데려오고 생활을 보살폈다.

청소년의 나이에 이르면서 영석 공은 신부들이 구해다 주는 학질 약 금계랍을 민간에 팔러 다니고, 시골로 돌면서 천주교 신자들을 따라 옹기 장사로도 나섰다. 그러다가 김보록 신부가 경상도 대구 성당의 주임으로 부임하니 따라가 지내게 된다. 김보록 신부는 대구 달성 서씨로서 명망 있는 신자인 서용서徐用瑞의 딸 중하仲夏(마르티나)를 영석 요제프에게 중매해 결혼이 이루어진다.

영석 공과 서씨 부인은 옹기 장사를 하며 가난하게 사는 속에서 여섯 자녀를 두게 되는데 막내가 김수환 스테파노다.

바로 위 형 동한東漢과 더불어 신학교에 진학해 신부가 되는 데 모두 어머니의 영향에 따른 일이다. 아버지 영석 공은 수환 스테파노가 초등학교 1학년 때에 병으로 별세했다.

이러한 순교자 가문의 한 가지 특색은 무엇인가. '가난' 이란 것이다. 할아버지와 아버지 대에 나라로부터 중죄인 취급을 당해 고향의 족보에서도 삭제되었다. 이와 같은 사회적 소외 속에서 어엿한 생활의 방편을 가질 수가 없었다. 그렇다고 동한·수환 형제가 신학교로 진학한 것은 꼭 경제적 사정 때문인 것은 아니고, 어머니의 돈독한 신앙심 때문이었다. 그러나 결과적으로 보면 이것도 하나의 신비다. 김수환 소년이 각급 학교로 진학하고 청년기에는 일본으로 독일로 유학도 가지만, 자신의 집에서 학자금을 마련해 학교에 납입한 것은 한 푼도 없었다. 또 소신학교(동성상업학교) 시절에는 장차 신부가 될 길에서 이탈하고 싶기도 했으나 뜻대로 되지 않고 계속 등을 떠밀리듯이 저절로 신부가 되는 길로 나아가게 되었다.

학교 사제 관계의 마지막 경우를 보면 스승인 회프너 교수보다도 먼저 추기경 임명장을 받게 되지 않았는가. 그러면서 그들은 아름다운 사제 관계를 평생 유지해갔다.

민족이 나를 부르면

　　김수환 신부가 뮌스터 대학에 유학할 때 독일에 와 있던 광부와 간호사 등 동포 근로자들을 만나는 일에서 헤어나지 못했다는 것은 우연한 일이 아니다. 그는 소년 시절부터 두드러지게 민족 문제에 대해 관심을 보였다.

　소신학교 시절에도 그는 민족적인 저항의 감정을 드러내서 퇴교를 당할 뻔한 일이 있었다. 가톨릭 재단이 경영하는 동성상업학교 안에서 갑조가 일반 상업고등학교 과정이고, 가톨릭 신학교로 진학하기 전 예비 과정으로 을조를 두어 소신학교라고 불렀다.

　신부가 아닌 일반 교사들이 소신학교 반에 들어와 가르치는 시간에는 학생들이 선생으로부터 식민지 조선의 현실에 대한 이야기를 들을 수 있었다. 기미년에 있었던 3·1 독립 운동에 관한 이야기와 조선 백성을 폭압적으로 지배하는 일본 제국주의 통치에 대한 비판을 들으면서 김수환 학생은 가슴에서 자제하기 힘든 울분이 치솟는 것을 느꼈다. 이때의 저항적 감정을 그는 자신의 일기장에 적어놓았다.

졸업반인 5학년의 수신修身 과목 시험 시간에는 더욱 노골적인 저항을 드러냈다. 시험문제가 뜻밖에도 일본 천황이 조선 반도의 청소년 학도에게 내린 칙유勅諭에 대한 황국신민皇國臣民으로서의 소감을 쓰라는 것이었다. 이러한 경우는 조선 총독부가 각급 학교에 내린 특별 지시에 따른 것이었다.

김수환 학생은 심한 울분을 느끼며 가만히 앉아 있다가 답안지 제출 시간 직전에 자신의 이름을 답안지에 적었다. 그리고 답안지의 여백에 다음과 같이 적었다.

나는 황국신민이 아님.
따라서 소감이 없음.

김수환 학생은 교장실로 불려 갔다. 교장은 해방 후 제2공화국의 총리 장면張勉 박사였다. 교장은 이런 답안 내용이 밖에 알려지면 답안을 쓴 학생이 투옥되고 학교가 문을 닫게 되며, 교회도 박해를 당하는 엄청난 결과가 올 수 있다고 말했다.

"그러면 그 답안지가 밖으로 나가지 않게 하면 되지 않습니까?"

김수환 학생은 말대꾸를 하고 뺨을 한 대 얻어맞았다.

"이 녀석이 어른 말을 안 듣고 어디서 말대꾸야. 너는 위험해서 신부가 되면 안 되겠다."

교장의 꾸지람을 듣고 김수환 학생은 이제 신학교에는 진학할 수 없으리라고 생각했다.

졸업 직전에 대구 대목구의 무세 주교가 상경해 소신학교를 방문하고 교장 선생을 만났다. 김수환 학생은 이제 정말로 퇴교를 당하는구나 하고 생각했다. 그러나 무세 주교는 뜻밖에도 그에게 소신학교를 졸업하고 일본 조치 대학上智大學으로 가서 공부를 더 하고 오라는 말을 했다.

장면 교장은 김수환 학생의 후견인인 대구의 무세 주교에게 시험 답안지 사건에 대해 아무 말도 하지 않은 것이다. 그 당장에 교장이 김수환 학생의 신변 안전을 위해 꾸지람을 하기는 했지만, 한편 마음속으로 그 정대한 의기를 인정해준 셈이다. 이렇게 해서 그 어떤 섭리의 고리는 계속 이어져 나간다.

일본 도쿄에 있는 조치 대학은 가톨릭의 유서 깊은 수도 단체인 예수회가 1913년에 세운 학교다. 외국으로 유학을 떠난다는 것은 어떤 동경과 설렘을 갖게 하는 일일 수 있는데 김수환 학생은 국내에서 이미 지니고 있던 반일 의식 때문에 홍겹지가 않았다. 서울에서 부산으로 가는 기차 안에서, 또 부산에서 일본으로 가는 배 안에서 일본 형사들은 계속 조선인 대학생들을 검문했다.

조치 대학에서 허심탄회하게 대화를 할 수 있게 된 일본인 교수를 상대한 경우에도 김수환 학생은 조선 민족의 불행한 처지에 격앙된 감정을 드러냈다. 이 대학 교수로서 독일인인 게페르트 신부가 지나가다가 우연히 김수환 학생의 발언 내용을 엿들었다. 그는 따로 김수환 학생을 불러 말을 건넸다.

"자네, 혁명가가 되겠나, 신부가 되겠나?"

"민족이 저를 필요로 한다면 항일 투쟁에 나서야 한다고 생각합니다."

김수환 학생의 답변이었다.

이 발언이 뒷날에 전해지면서 김수환은 학생 시절에 정치가가 되려 했다는 말로 번져나가기도 했다. 그날 그 자리에서 게페르트 신부는 "그러나 자네는 신부가 되어야 해"라고

일본 조치 대학 유학 시절.

말했다. 정의를 향한 의분심도 가질 수 있는 사람이 본질적으로 진리를 전파하는 사목자가 될 필요가 있다는 뜻이었을 것이다.

그러나 현실의 상황은 독립운동가도 신부도 되기 이전에 학도병으로 일본군에 입대할 수밖에 없도록 내몰았다. 학우 한 명과 함경북도 청진으로 배를 타고 가서 원산 근처에 있는 덕원신학교로 갈 계획도 세웠으나 뜻대로 되지 않았다. 어쩔 수 없이 일본군에 입대하게 되면 전술을 익히고 중국 땅에서 탈출해 일본군을 상대로 싸우자는 결의도 조선인 학생들끼리 하곤 했다. 일본의 경찰망은 모든 기차역과 모든 항구에서 대학생들을 검문하고 무조건 강제 입대를 시키는 분위기였다.

할 수 없이 학병으로 일본군에 입대하게 되었을 때 게페르트 교수는 자기 방에서 차를 끓여 대접하며 제자의 머리에 손을 얹고 하느님의 가호를 기원하다가 흐느끼며 울음을 터뜨렸다. 김수환 학생은 스승의 큰 사랑이 너무 벅차서 인사도 못 하고 그 방을 뛰쳐나오고 말았다.

1944년 졸업이 얼마 남지 않은 때에 일본군에 입대할 수밖에 없었고, 군 지휘부의 임의적인 편성에 의해 김수환 학생은 처음에 사관 후보생반에 투입되었다.

어느 날 일본인 교관이 김수환을 불러놓고 말했다.

"훈련 과정에서 네 성적이 2등으로 우수하다. 너는 조선인인데 일본인에 대해서 어떻게 생각하는가?"

이 대목에서 김수환 후보생은 다시 그 우직한 민족 감정으로 격앙되고 말았다. 그리하여 그는 이등병으로 추락해 일본 남쪽 태평양 해역 안에 있는 치치시마父島라는 섬으로 실려 갔다. 전쟁이 이미 끝나가고 있어 일본군과 미군 사이에 전투는 없었는데 다만 미군 군용기 한 대가 일본군의 고사포 공격을 받고 추락했다. 비행기에서 미군 조종사 몇 명이 낙하산을 타고 탈출했으나 그 행방이 알려지지 않았다.

그 무렵 일본군은 이미 보급로가 끊겨 고구마만 먹고 있었다. 그런데 어느 날 밤 일본 군인들이 불고기 파티를 열었다. 일본군 안에서 조선인은 육군으로 학병이 열 명이고 해군 쪽 노무자가 백여 명 있었다.

일본군의 무장을 해제시키고 상륙한 미군은 추락한 미군 조종사들의 행방을 찾아 나섰다. 이때 미군은 조선인 병사들의 협조를 구했다.

김수환 학병은 조선인들의 본국 귀환을 요청하기 위해 스스로 미군에게 접근했다. 미리 작성한 영문 편지는 사령관 앞으로 전달했고 미군 부관과는 대화로써 의논했다. 추락한 미군 조종사들이 당한 상황을 증언할 수 있는 조선인 노무자가 세 명 있었다. 굶주린 일본군이 추락한 미군 조종사들의 인육을 구워 먹었다는 것이었다.

일본군 전범 재판은 괌으로 옮겨서 진행이 되고, 조선인 학병과 노무자들은 본국으로 돌아가는 길에 오르게 되었다. 김수환 학병은 조선인 학병과 노무자들이 모두 귀국 길에 오르는 것을 확인하고, 자신은 맨 나중 차례 귀국 길에 올랐다. 이것은 마치 이집트 땅에서 이스라엘 동포들을 구출해 홍해를 건너온 모세와도 같은 모습이었다. 이렇게 해서 일본 제국의 지배에 대한 젊은 김수환의 저항적 민족의식은 정리가 된다.

가톨릭교회는 스스로 '보편화된 교회'라고 말한다. 실제로 가톨릭교회는 세계적으로 통일된 조직이다. 그러면 지구상의 민족별 문화 전통과 생활 습속도 다 통일되어야 한다는 말인가? 그것은 그렇지 않다.

가톨릭교회가 바라는 통일성은 초자연적 사랑 안에서의 통

일일 뿐이다. 민족별 특성은 신성하고 정당하다.(「어머니요 스승」181항)

이것이 교회의 공식 견해다.

그러므로 민족의 주체와 개성, 그리고 현실적 당위의 상황에 가톨릭 신자는 마땅히 실천적으로 참여해야 하는 것이다. 김수환 추기경의 젊은 시절은 이 정당한 민족의식의 길에서 일관되게 이어져 나갔다.

인간을 위하여

독일 유학에서 돌아온 김수환 신부가 이번에는 그가 아름다운 시절을 보냈다고 그리워하던 시골 본당으로 돌아간 것은 아니다. 사람은 인간적 자질에 있어서나 여건에 있어서나 변모하며 발전하게 되어 있다.

대구 교구장은 그를 〈가톨릭시보〉 사장 자리에 임명했다. 가톨릭 사제에게는 순명이 생명이다. 그 순명 안에서 하느님의 섭리를 발견하며 최선을 다해 보람을 얻어야 한다.

1963년 11월 독일 뮌스터에서 귀국 길에 오른 후 3개월 동안 오스트리아 · 로마 · 프랑스를 여행하고 이듬해 봄 대구에 돌아와 바로 신문사 일에 몸을 담았다. 원래 이 분야 일에 경험은 없었지만 일의 내용은 성격에 맞았다. 왜냐하면 언론은 사람들 사이를 소통시키는 것이기 때문이다.

사람과 사람 사이, 교회와 사회 사이를 소통시키는 일이다. 그때가 1964년이었으니 4년에 걸친 제2차 바티칸공의회가 마무리되어가는 단계였다. 김수환 신부는 현대 교회를 쇄신하고 시대에 적응하는 공의회 정신으로부터 감명을 받고 있었다.

한국 교회가 교회를 위한 교회로 머물러 있지 않고 세상을 위해 봉사하는 교회가 되게 하려면 제2차 바티칸공의회의 정신에 따라 열심히 노력해야 한다는 것이 그의 소신이었다. 당시에는 아직 공의회의 사회참여 정신에 대해 교회의 성직자나 신자 중에 잘 아는 이가 드물었다. 이러한 상황이니 김수환 사장 신부의 사명 의식은 계속 불붙지 않을 수 없었다.

말이 신문사지 직원이 채 열 명도 안 되고 만성 적자 운영으로 기자들의 월급을 꾸려주기도 힘들었다. 사장 자신은 스스로 월급도 받지 않고 활동비도 회사 돈은 거의 쓰지 않으면서, 오로지 신문사를 위해 밥 먹을 시간도 잊어가며 열심히 일했다. 신문사 건물 안에 마침 통신사가 하나 있었는데 거기에서 받아 보는 외신들 속에서 제2차 바티칸공의회에 관한 소식은 빼놓지 않고 〈가톨릭시보〉에 실어 전국의 천주교회에 발송했다.

외신을 다른 사람들에게 주어 번역을 시키고 자기 자신도

번역 일에 가담했다. 운영 여건의 향상을 위해 신문 구독 홍보와 수금을 하느라 각 본당으로 출장도 다녔다. 이때에도 김 신부의 저고리 어깨에는 비듬이 떨어져 있었다고 당시에 김 신부와 함께 근무했던 한 기자는 회고한다.

그뿐이 아니다. 김수환 신부는 주말을 이용해 대구 교도소 수감자들의 미사와 고해성사를 위해 봉사했다. 고해소에서 고백을 들으며 가난해서 죄를 짓게 된 사정에 함께 눈물을 흘리기도 했다. 그는 다른 한 군데 '희망원'이라는 행려병자 수용소도 방문해 불우한 사람들과 대화하는 시간을 가졌다.

아직 젊은 나이의 신부가 여가에 어디 경치 좋은 데에 가 쉬며 즐기기보다 불우한 사람들을 찾아보는 데에 시간을 다 쓴 이유는 무엇인가. 그것이 그리스도 복음의 정신이기도 하지만 또한 제2차 바티칸공의회의 정신에 맞는 일이었기 때문이다.

인간의 가치는 그가 무엇을 가졌느냐에 있지 않고 그가 어떠한 인간이냐에 있다."(「사목 현장」 35항)

이것이 공의회의 정신이다. 김 신부는 교도소 수감자들의 이야기를 듣다가, 교도소 밖에 있어야 할 사람이 교도소 안에 와 있고 교도소 안에 있어야 할 사람이 바깥세상에서 활개를 치고 뽐내며 다닌다는 생각을 하곤 했다. 이러한 문제에 마음을 쓰는 것이 편하게 놀러 다니는 것보다 사제다운 모습인 줄을 그 누가 모르겠는가.

하물며 교회의 웃어른들과 특히 하느님이 왜 모르시겠는가. 그러니까 뜻이 있는 곳에 길이 있다고 하는 것이다. 김수환 신부는 어디에서 어떠한 일을 하든 사목자로서 계속 더 큰 일을 하게 된다.

그리하여 1966년에 김수환 신부는 주교가 되어 초대 마산교구장으로 부임했다. 주교가 되는 것도 사양할 수 없는 일로서, 교황에게 순명해 받아들여야 한다. 그러나 가톨릭교회에서 주교가 된다는 것은 더 올라갈 데가 없는 자리에 올라가는 것이다. 교황도 주교로서 자신을 가리켜 "종들의 종인 주교 아무개"라고 하고 자필로 서명한다.

대구가 아닌 부산에서 떨어져 나간 신설 교구가 마산 교구다. 마산·진주·진해를 비롯한 다섯 개 시와 열세 개 군이 그의 영지였다. 이 교구의 영주와 같은 교구장으로서 김수환 주교는 도시보다는 변방에 떨어져 있는 시골 본당으로 사목 방문을 나가는 것을 좋아했다.

 차를 타고 서너 시간이 걸리는 거리도 있고, 고개를 넘고 물을 건너가서 하룻밤을 자고 와야 하는 곳도 있었다. 시골 성당에 가면 신부는 물론이고 신자들과 식사를 같이하며 이런저런 이야기를 나누고, 밤이면 산새와 풀벌레 소리를 들으며 잠드는 것이 그는 더없이 좋았다. 그리하여 시골 본당들을 자주 찾아다니며 신설 교구의 기반을 닦아나갔다.

 신설 교구 성당들의 기반을 닦는다는 것이 무엇인가. 그로서는 다만 성당의 평신자들로 사목위원회를 구성하게 하는 것이며, 교회 안에서 평신자들이 차지하는 의미가 가장 크다는 것을 설명하는 것이었다. 이것이 세상을 위해 봉사하는 교회의 의미라고 말했다.

 그는 교구장 취임식 자리에서도 "제2차 바티칸공의회의 정신에 따라 교회를 쇄신하는 것이 우리 교구의 최대 사명"이라고 선언했다. 바로 지난해 1965년에 공의회가 끝났고 거기에서 채택된 선언들의 문헌집 내용이 아직 널리 알려지지 않은 때였다. 그러나 김수환 주교는 독일에 유학하던 시절부터 공의회의 성격에 대해 잘 알았고, 귀국해 〈가톨릭시보〉 사장을 할 때에도 늘 공의회의 결정서들을 소개하기에 열심이었다.

교구장 취임식에는 전국 각 교구의 교구장이 다 참석했다. 이러한 자리에서 김수환 주교는 공의회 정신을 거듭 강조했다. 김수환 주교는 한국 천주교에서 제2차 바티칸공의회에 대해 가장 잘 알고, 그 정신을 가장 앞장서서 실천하는 성직자가 되었다. 즉, '교회의 사회참여' 추진에 선봉장이 되었다.

마산 교구장 김수환 주교는 마침내 가톨릭노동청년회(JOC) 총재 자리도 맡게 되었다. 그리고 1967년 5월에 강화도 심도직물이라는 공장의 노동조합 탄압 사건을 해결해야 할 임무를 떠맡게 되었다.

가톨릭노동청년회는 세계적인 가톨릭 사회운동 기구다.

"백만장자의 아들이든 가난한 견습공이든 그들의 인격과 영혼은 동등하게 존엄하다."

이것이 가톨릭노동청년회의 기본적인 인식이며 주장이다.

심도직물 회사에 합법적인 노동조합이 결성되었는데 그 노조의 중심인물들이 전부 가톨릭 신자였다. 강화 성당의 주임인 전미카엘 신부가 또한 노조의 회의 장소를 빌려주는 등 도움을 주고 있었다.

국회의원인 회사의 사장은 노조가 노동자의 권익을 주장

한다고 노조 간부들을 해고했다. 이 사태에 항의하는 근로자 전원마저 회사 밖으로 내쫓고, 노조와 그 배후 세력인 천주교 쪽을 용공 분자들이라고 몰아세웠다.

심도직물의 노조 탄압은 다른 회사들에 번져나갔고 지역 경찰 서장도 기업주들을 편들었다. 기업주 측이 동원한 폭력배들이 노조를 협박하고 폭력도 썼다. 이 문제를 어떻게 해결할 것인가. 개신교 쪽 도시산업선교회가 노조와 천주교 성직자들을 도왔으나 성과가 나타나지 않았다.

근로자들의 수난이 여러 달 계속되었다. 이듬해 2월 주한 교황 대사가 새로 부임하는 계기에 대사관에 한국 천주교 주교 전원이 모여 환영 미사를 거행하게 되었다. 김수환 주교는 전국 주교들이 이렇게 한자리에 모이는 때에 임시 주교 회의도 개최할 것을 건의했다. 그리하여 심도직물 노조 문제를 주교 회의가 공동으로 나서서 대응하게 되었다.

교회는 그리스도교적 사회정의를 가르칠 권리와 의무가 있다. 노동력 착취는 자본주의 체제에서 범하기 쉬운 자본의 횡포다. 따라서 주교단은 강화 본당 신부와 노동자들의 정당한 활동을 지지한다. 인간 기본권은 어떠한 이유를 막론하고 수호

되어야 하기에 주교들은 부당한 노사 관계를 개선하는 데 적극 노력할 것이다.

14인의 천주교 주교단이 성명을 발표하자 정부가 나서서 사태를 수습했다. 해고된 근로자 전원이 복직되어 문제가 해결되었다.

이것은 한국 사회에서 교회가 사회문제에 참여해 문제를 정의로운 방향에서 해결한 최초의 사례다. 1968년 당시에 김수환 주교가 감당하고 성취한 기록적인 일이다.

김수환 주교가 심도직물 사건을 담당하고 나선 자신의 소신을 말했다.

"내 생각을 지배하는 가장 큰 주제는 예나 지금이나 '인간'이다."

여기에서 김수환 주교가 "가장 중요한 주제는 인간"이라고 한 것은 더 깊은 근원을 가지고 있다. 그것은 성서의 창세기에 제시된 대목이다.

하느님께서 당신의 모습대로 사람을 지어내셨다."(창세기 1 : 27)

그는 이 대목을 명시하면서 인간이 존엄한 것은 바로 "인간은 하느님의 모습대로 창조된 존재이기 때문"이라고 말했다.

이 근본적 기준을 그는 일생 거듭 제시하며 살아간다. 특히 그가 가난하고 억눌린 이들에게 가까이 간 것은 다 같이 하느님의 자녀인 인간이 동등하게 대접받으며 살아야 한다는 소신 때문이었다.

2부

누룩으로 들어가야

냉장고 한 대의 부정

　　　김수환 추기경은 1966년에 천주교 마산 교구장이 되었는데 1968년에 대주교가 되면서 서울 대교구장으로 옮겨 왔다. 그리고 그 다음 해에 교황을 선출하는 권한을 갖는 47세의 세계에서 가장 젊은 추기경이 되었다. 그렇게 그는 국내에서뿐 아니라 세계적으로 주목받는 위치의 인물이 되었다.

　이 김수환 추기경이 1971년 4월에 정치 문제에 간여하는 입장을 취했다. 한국 종교 사회 역사에서 일찍이 보지 못한 상황이었다. 이해 4월 27일에 대통령 선거가 있었는데 이것은 박정희 대통령이 주도한 '삼선개헌' 이후에 실시되는 첫 번째 선거였다. 이 선거에는 여당인 공화당의 박정희 후보와 야당인 신민당의 김대중 후보가 출마했다.

　박정희 대통령이 주도한 삼선개헌 자체가 사회의 논란과

비판의 대상이 되었다. 원래 5·16 군사 쿠데타는 4·19 민주혁명에 의해 수립된 제2공화국 장면 정권을 9개월 만에 뒤집어엎은 무력 정변이었다. 박정희·김종필을 중심으로 하는 군사정권은 이른바 '혁명공약'을 통해 "……부패와 구악을 일소하면 우리는(군은) 본연의 임무에 돌아가겠다"라고 국민에게 약속했었다.

훨씬 지난 뒷날의 이야기지만 1997년 12월 선거에서 당선한 김대중 대통령이 이듬해 봄에 혜화동 성당에서 거행된 장면 전 총리에 대한 추모 미사에 참석했다. 이날 미사는 김수환 추기경이 집전했다. 미사에 참여하려는 이들이 많이 모여들었다. 나는 성당의 2층 앞 좌석 한 자리를 겨우 차지하고 앉았다.

김대중 대통령이 추모사를 하기 위해 제단 위로 올라갔다.

"5·16 쿠데타를 일으킨 사람들이 신문의 양면에 걸쳐서 깨알 같은 글자로 민주당의 부패상을 밝혔습니다. 그리고 군사재판을 했습니다. 그러나 재판 결과는 어느 장관이 외국에 출장을 가 있는 동안에 누가 중고품 냉장고 하나를 갖다 놓은 것만이 유죄가 되고, 나머지는 전부 무죄가 되었습니다. 5·16 직후에 그렇게 천하를 뒤엎다시피 떠들어댔던 사건이 결국 군사정권의 손에 의해서 무죄가 되었습니다. 부패했다는 것은 전혀 사실이 아닌 것입니다. 또 무능한 정권이 어떻게 질서를 회복시켜 5·16 직전에 거의 안정된 나라를 만들었겠습니까? 무능한 정권이 어떻게 해서 과거 권위주의 정권이 겁이 나서 못 하던 지방자치제를 과감하게 실시했겠습니까? 장면 정권은 국토 건설단을 발대시켜 전 국민의 에너지를 국토 재건에 투입하는 일을 시작해서 돌아가신 장준하 선생께서 그 단장이 되었던 것입니다. 그리고 5개년 계획을 수립해서 나라 경제를 바로잡는 개혁을 했습니다. 그러다가 쿠데타가 났는데……."

나는 이 연설을 혜화동 성당에서 직접 들었지만, 현장에서 가장 분명하게 기억한 것은 제2공화국 장면 정권이 부패했다는 증거는 한 장관이 "중고품 냉장고 하나를 뇌물로 받은 것밖에는 없었다"라는 것이었다. 이 연설의 전문은 뒤에 내가 따로 구해서 가지고 있다.

김수환 추기경은 추모 미사를 집전하며 장면 전 총리의 고매한 인격을 칭송했다. 김수환 추기경이 소신학교에 재학할 때 교장이 장면 박사였다. 김대중 대통령은 구 민주당 장면 정권 시절의 당 대변인이었다. 이들이 지금 4·19 민주혁명에 의한 민주당의 합헌 정권이 군인들에 의해 불법적으로 강탈당한 사실을 증언하고 있는 것이다. 성당 2층 좌석에 앉아 1층의 단상을 내려다보면서 미사 강론과 추모사를 들으며 나는 역사에 이러한 날도 있구나 하는 감격에 눈시울을 적셨다. 지금도 북한산 밑 4·19 국립묘지에는 4·19 혁명의 거리에서 목숨을 잃은 283명의 젊은 넋들이 묻혀 있다. 이들은 저 군사 쿠데타를 어떻게 생각할까.

사람들은 말한다. 5·16 정권이 우리 국민을 보릿고개의 가난으로부터 구출했다고. 또 산업을 발달시키고 근대화를 이룩했다고. 그러나 그들이 수행한 '경제개발5개년계획'이라는 것은 원래 장면 정권이 작성한 청사진이었다. 쿠데타 직후 군사정권의 상공 장관이 된 정래혁 육군 소장이 책상 서랍의 여기저기를 열어보다가 전 정권이 마련한 경제개발5개년계획서를 발견했다. 내용을 살펴보니 그 자체로 훌륭했다. 그들은 이 계획서에 표지만 갈아 붙이고 실행에 들어간 것이다.

그들은 군인이니까 추진에 더 박력이 있고 일 수행의 속도가 더 빠를 수 있었을 것이다. 그러나 전 정권이 무능해서 가만히 놀고만 있었던 것이 아니다. 그때는 사회 질서가 산만했고, 4·19 부상 학생들이 국회 의장석을 지배하는 불상사도 있었다. 노동자들이 파업을 심하게 한 점도 있었다. 그러나 해볼 만큼 해보고 멈추는 자리가 있는 법이다.

원래 군인들은 제2공화국 이전 자유당 말기에 쿠데타를 모의했었다고 한다. 그러나 4·19 민주혁명이 일어났으므로 원래의 계획을 묻어두었다. 다음 해 4·19 혁명 1주년 무렵에 학생들의 시위가 다시 크게 일어나면 그 기세에 가세해 군인들의 계획을 실현하려고 했다. 그러나 1961년의 4·19 1주년 무렵에는 학생들과 노동자들의 시위가 가라앉는 추세를 보였다. 군인들은 다시 계획을 보류했다가 5월 16일에 결국 원래 모의했던 대로 거사를 하고 만 것이다.

그런데 부패와 구악을 일소하려는 군사재판에서 냉장고 한 대밖에 잡지 못했다. 그러나 그들은 본연의 임무에 돌아가지 않고 공화당을 조직해 제3공화국을 세웠다. 박정희 대통령이 재선을 하고도 모자라 삼선개헌을 추진해 국회에서 일방적으로 통과시켰다. 이미 군 출신 정치인들과 경제계가 야합하는 이른바 정경 유착이 대대적으로 확산되었다.

군사 쿠데타 후 10년이 지나는 동안에 군인들은 이미 막강한 재력가가 되어 있었다. 큰 대학의 교주가 되고 광활한 농장의 주인이 되고 큰 호텔의 소유자가 되었다. 금권과 관권의 선거 개입 우려가 국민 속에 넘쳐나고 있었다.

바로 이 상황을 당해 천주교회의 김수환 추기경이 시국에 관한 성명서를 발표했다. 원래 정치와 교회는 전통적으로 분립하는 것이 원칙인데, 왜 교회가 정치에 간여하느냐 하는 반발이 여기저기에서 일어나 김 추기경을 만류하고 압박해 들어왔다. 교회 안팎으로부터의 그 압박이 대단히 심하므로 김 추기경은 4월 21일에 발표하기로 한 시국 성명을 보류하게 되었다.

그 성명이라야 내용이 별로 과격한 것도 아니었다.

정치인들은 여야를 막론하고 공명정대하게 이 선거에 임하기를 강력히 요청한다.

가톨릭교회는 그리스도에 대한 신앙으로 뭉친 종교 단체이며, 결코 정치집단은 아니다. 그러나 진리와 정의를 전할 사명을 진 우리는 국가의 안위에 지대한 관심을 갖고 초당적 입장에서 총선 과정에 있어 자유·공정 여부를 예의 주시할 것이다. 가톨릭 신자 유권자는 국가이익을 위해 양심이 명하는 대로 주권자로서의 권리를 행사해야 한다.

— 1971년 4월 21일

천주교 추기경 김수환

1981년 조선 교구 설정 150주년 기념 신앙 대회.

성명의 핵심이 이 정도로 표현되어 있었다. 그러나 금권과 관권이 여당에 유리하게 작용하고 있는 상황에서는 김 추기경의 이만한 성명서도 영향을 미치리라고 여당 쪽에서는 긴장을 할 만도 했다. 교회 안팎으로부터 만류와 압박이 많았지만 특히 박정희 대통령의 정치적 고향인 대구 지역으로부터의 만류가 김 추기경에게 감당하기 어려운 부담이 되었다. 대구 교구장 서정길 대주교로부터의 만류 같은 것이 특히 그러했다.

어려서부터 소신학교로 일본 조치 대학으로, 사제가 된 후에는 독일에 유학한 것이 모두 대구 교구의 보살핌에 전적으로 의존한 것이었다. 인간적으로 원래 학생 시절의 은사들에 대해서도 깊은 존경과 정을 가지고 있는 김 추기경이었다. 일본 조치 대학의 게페르트 신부와 독일 뮌스터 대학의 회프너 신부 같은 이들에게 그는 평생 신의와 정을 지켜왔다. 대구 교구장에 대해서도 마찬가지다. 그는 번민 끝에 21일의 성명을 보류했다.

그 제1차 성명서는 교구장 비서인 김병도 신부와 상서 국장이던 김몽은 신부가 통금이 해제된 새벽 4시에 최석호 신부가 관리하던 혜화동 인쇄소의 담을 넘어 들어가 제작해 온 것이었다. 성명서 발표가 무산되고 실의에 빠져 있는 김 추기경에게 우연히 지학순 주교가 나타났다. 대강 경위를 들은 지 주교는 김 추기경에게 소신대로 성명을 발표하라고 독려했다.

김수환 추기경은 다시 성명을 발표하기로 마음먹고 지학순 주교와 현석호 선생, 그리고 크리스천사상연구소 양한모 소장의 조언을 들으며 문안을 검토했는데 제1차 성명과 거의 같은 내용이 되었다.

4월 22일 오전 10시에 제2차 성명 발표는 실현되어 여러 방송과 신문사에서 취재해 갔다. 그러나 당시로서는 언론기관들이 이미 군사정권으로부터 통제와 단련을 받고 있었으므로 성명의 내용이 정확하고 충분하게 대중에게 전해지지는 못했다. 그래도 약간의 신문 지면이 "공명 선거와 주권자의 양심적 권리 행사 촉구"를 반영했다.

누룩은 밀가루 반죽 속에 들어가야

문제는 이만한 일로써 왜 이렇게 큰 파문이 일어나야 했는가 하는 데에 있다. 1970년대 초까지만 해도 한국의 천주교회는 사회문제나 특히 정치 문제에 대해 입장을 밝힌 일이 없었다. 신자 수도 2천 년대에 이르러서는 4백만 명에 달하지만 1970년대 초에는 70만 명을 넘지 못했다.

그러나 새로 서울 대교구장이 된 김수환 추기경의 자세는 사뭇 다른 데가 있었다. 잘 모르는 이들은 김 추기경이 종교적 신앙심보다 정치에 더 관심이 있는 것이 아닌지 의혹을 가지며 비판을 가하기도 했다. 그러나 김 추기경으로서는 현대 가톨릭교회의 가르침에 충실히 따르기 위해 정치적 현실에 대해 윤리적 판단을 내리는 것이었다. 그것은 바로 제2차 바티칸공의회의 정신에 따르는 일이었다.

제2차 바티칸공의회는 현대 가톨릭교회가 열린 마음을 가

테레사 수녀와 함께.

지고 세상 속으로 들어간다는 방침을 정한 중요한 계기였다. 공의회는 "아조르나멘토(시대에 적응하자)"를 표어처럼 내걸었는데, 변화하는 시대와 현실에 진취적으로 참여하자는 뜻이었다.

김수환 추기경은 1956년부터 1963년까지 7년간 독일 뮌스터 대학에 유학해 사회학을 전공했는데, 요한 23세 교황이 1962년부터 제2차 바티칸공의회를 시작했다. 이 공의회는 1965년에 바오로 6세 교황이 마무리를 하게 된다. 공의회가 시작되던 당시에 김수환 신부는 그 열린 교회의 정신에 크게 감명을 받았다.

어느 날 김수환 신부가 영화를 보러 극장에 들어갔는데 영화가 상영되기 전에 틀어주는 뉴스 화면에 요한 23세 교황이 공의회에 참석하는 장면이 나왔다. 교회의 쇄신이라는 어려운 도전에 나서며 진지하게 기도하는 교황의 모습을 보면서 김수환 신부는 감명을 받아 갑자기 눈물까지 흘렸다. 그만큼 그는 제2차 바티칸공의회의 정신에 스스로 투신하는 경지에 있었다.

공의회가 끝나기 전에 귀국해〈가톨릭시보〉사장으로 임명되었을 때엔 그 공의회의 진행 내용을 열심히 신문에 실었다. 이 시절에 김수환 사장 신부는 식사하는 시간을 아낄 정도로 신문 편집 일에 몰두했다. 그의 바람은 가톨릭 신자가 아닌 사람들도 읽고 싶어 할 만한 신문을 만드는 것이었다. 이러한 생각은 "교회를 위한 교회가 아닌 세상을 위해 봉사하는 교회가 되어야 한다"라는 제2차 바티칸공의회의 정신 그대로인 것이다.

교회가 사람들 사이의 협력을 독려하고 촉진하기 위해서는 결국 교회가 각 민족의 사회 공동체 한복판에 참여해 있어야 한다.

이것이 공의회 문헌 속 「현대 세계의 사목 헌장」 89항에 제시된 가르침이다.

정의를 위한 행동, 세계 개혁 활동에 참여하는 것은 곧 복음의 선포다.

이것은 공의회 이후 1971년에 세계주교회의(시노드)가 발표한 메시지 「세계 안의 정의」 6항에 있는 말이다.

교회의 이러한 가르침들을 오늘날 가톨릭교회는 '사회 교리'라고 부르는데 성서의 가르침 못지않게 이 사회 교리가 교회의 활성화와 신자들의 가치관 형성에 중요하게 쓰이고 있다. 문제는 이렇게 중요한 제2차 바티칸공의회의 문헌을 비롯한 사회 교리라는 것이 있는지조차 모른다거나, 거기에 어떤 내용과 실천 지침들이 있는지를 모르는 신자들이 있다는 것이다.

이기적 기복 성향의 기도나 바치는 것으로 자족하는 신자들의 교회는 잠든 교회다. 하물며 불의의 독재정치로 인권과 민주주의가 없는 암흑의 시대에 교회가 침묵만 지킨다면 그리스도가 짊어진 십자가의 의미를 어떻게 설명할 수 있겠는가. 부정 선거를 우려하는 김수환 추기경이 시국 성명을 발표한 이유가 바로 여기에 있었다.

그러나 4월 27일의 대통령 선거는 박정희 후보가 김대중 후보보다 95만 표를 더 얻어 당선되는 것으로 막을 내렸다.

구르는 바위

삼선개헌 후 처음으로 치른 대통령 선거를 통해 박정희 후보가 세 번째 임기의 대통령에 당선되었고, 야당과 민심은 승복하지 않았다. 야당인 신민당은 선거 패배에 대한 항의문을 광고 형식으로 〈동아일보〉(5월 1일자)에 게재했다.

선거 자금의 봉쇄—김대중 후보가 지명된 이래 중앙정보부는 전 경제인의 금고와 장부를 장악하고 심지어 부인들의 곗돈까지 수사하여 야당계의 자금이 단 10원도 들어올 수 없도록 철두철미 봉쇄했다. 이번 선거 기간 중 공화당은 현금으로 쓴 선거 비용만도 3백억 원 이상을 사용했는데 신민당은 법정 선거 비용인 9억 2천만 원의 절반도 쓰지 못한 형편이었다.

유례 없는 매수 행위—공화당은 3백억 원이 넘는 선거 자금

외에도 막대한 밀가루·시멘트·고무신 등을 가지고 전면적인 매표 행위를 자행했으며, 공무원이 직접 통행금지 시간 이후에 호별 방문을 하면서 이를 살포했고, 투표 당일에는 현장에서 공공연히 매수 행위를 저질렀다.

세상의 모든 일은 정상을 벗어나 무리를 강행하는 데서 점점 문제를 키워나간다. 5·16 군사정권이 정치를 해나가는 과정이 그와 같은 문제의 연속이었다.

김수환 추기경이 1971년 4월에 공명선거 촉구 성명을 발표하지 않을 수 없었던 것도 그와 같은 비정상의 무리수를 일단 중단시키고, 어떻게 해서든 자유롭고 정의로운 민주사회를 회복시키고자 하는 충정에서였다.

그러나 산사태로 굴러떨어지는 바위는 인가를 부수고 사람들을 죽게 하면서도 결국 멈추게 되는 어느 지점까지는 굴러갈 수밖에 없는 불행한 물리적 타성이 있는 것 같다. 동시에 구르는 바위를 멈춰 세우는 대지와 언덕이 반드시 있게 마련이다. 그것이 자연의 법칙이며 시민 대중의 저항이다. 시민 각자의 가슴속에 있는 인간적 양심이 들고 일어나는 힘은 그 누구도 막을 수가 없다.

빠르든 더디든 그러한 저항은 반드시 일어난다. 5·16 군사정변이 일어나고 10년이 지났는데, 1971년 한 해에 여러 가지 사건이 발생했다. 광주대단지(지금의 성남시)의 빈민 폭동, 천주교 원주 교구의 부정부패 항의 데모, 부정선거와 군사 교련에 항의하는 대학가의 시위. 이 일련의 사태들을 강압적으로 가라앉히려는 위수령과 비상사태의 선포, 대통령의 비상대권 발동을 법적으로 뒷받침하려는 국가보위법의 제정 등이 이 한 해에 몰려서 일어났다.

대중의 행동적 저항은 생존권의 극한적 박탈에 맞서서 일어나게 된다. 이른바 제3공화국인 공화당 정부는 조국 근대화와 경제 발전을 내세웠는데, 도시의 상공업에 정책이 치중되고 농촌은 극도로 가난해지는 현실이 나타났다.

산촌의 주식인 옥수수 다섯 되를 판 돈이 도시의 커피 한 잔 값에 불과했다. 게다가 젊은 인력이 도시의 공장 지대로 떠나가니 농촌에서는 농사지을 사람이 없었다. 살기 위해서는 도시로 나가 날품팔이라도 해야겠다는 농민들이 고향을 등지고 서울을 비롯한 도회지로 몰려들어, 이 이농민들이 도시 변두리의 고지대에 판잣집 달동네를 조성했다. 또는 청계천 하류 제방에 천막을 치고 살아가기도 했다.

정부는 정부대로 빈민촌이 도시 미관을 해친다고 하룻밤에 강제로 철거시켜 경기도 광주 남한산성 아래까지 실어 가 들판에다 내려놓았다. 이들이 이른바 광주대단지의 난민인데 그 수가 16만 명도 더 되었다. 식량은 고사하고 식수 대책도 없는 상황에서 이들은 8월 10일에 폭동을 일으켰다.

자기 키보다 더 큰 몽둥이를 힘겹게 들고 "배 고프다" 울부짖는 김모 양, "일자리를 달라" 호소하는 수진리의 이모 씨 등 남녀노소를 가릴 것 없이 빗속을 헤매며 발악적으로 부르짖었다. 그들은 무조건 서울 쪽을 향해 대열 짓고 경찰차들이 이 대열을 막아섰다.

이해 10월 5일에는 지학순 주교가 교구장으로 있는 천주교 원주 교구의 성직자와 신자들이 부정부패 규탄 시위를 일으켰다. 원주 교구장 지학순 주교는 김수환 추기경과 함께 교회의 사회참여에 입장을 같이하고 있었다. 그리스도교 복음의 사회 전파 효율을 생각해 원주 교구는 신설되는 원주 문화방송국 운영에 동업자로 참여하게 되었다. 그 뒤 지 주교는 필리핀에서 열린 아시아주교회의에 참석했다가 교회 계통 방송국 책임자인 로이터 신부를 만나 원주 문화방송국 운영에 관한 조언을 부탁했다.

그 자리에서 지 주교는 원주 교구가 방송국 설립 자금으로 배 이상의 금액을 잘못 지불한 것을 알게 되었다. 지 주교는 귀국 후 원주 교구가 파견한 전무와 감사를 불러 운영 실정을 물었고, 합자 상대인 5·16 장학회가 천주교 쪽 전무와 감사를 재정 운영 면에서 배제한 채 일해온 것을 알게 되었다. 시설 구입에 대한 영수증이나 장부도 제대로 되어 있지 않았다.

지 주교가 문화방송 본사 사장에게 면회 신청을 하여 세 번째 방문에서 겨우 만났지만 잘못된 문제들에 대한 해명은 들을 가망이 보이지 않았다. 국제적으로 신뢰를 받고 권위를 인정받는 가톨릭교회의 주교가 한국의 정권 핵심부에서 운영하는 기관에서 이처럼 모욕적인 대우를 받다니, 일반 국민 대중 개개인의 경우에는 얼마나 더 무력한 입장이 되겠는가.

지학순 주교는 생각했다.

'이것은 한 교구와 방송국 사이의 문제가 아니다. 근본적으로 이 나라가 독재와 부패의 무법 지대이고 가장 핍박을 당하는 사람들은 가난하고 힘없는 서민 대중이다. 정권의 부정부패가 국민적 불행의 원천이다. 그러니까 부패한 권력에 대한 항의 시위를 교회가 앞장서서 일으켜야 한다. 이것이 진리와 정의를 수호해야 하는 교회의 의무다.'

이리하여 원주 교구의 모든 성직자와 신자들이 일치단결해서 10월 5일 오후 7시 30분부터 주교좌 원동 성당에 모여 부정부패 규탄 대회를 열기로 했다. 먼저 미사를 드리고 2부에 규탄 대회를 열고 결의문을 채택했다. 그 다음에는 "주여, 이 땅에 정의를!", "부정부패 뿌리 뽑아 사회정의 이룩하자", "부정부패 → 빈곤"이라고 쓴 플래카드를 앞세우고 지 주교와 신부들을 선두로 해 시위 행렬이 거리로 나섰다.

경찰의 저지선이 미리 겹겹으로 쳐져 있고 경찰 서장이 지 주교 앞에 무릎을 꿇고 "저를 밟고 넘어가시오" 했다. 교회의 시위대가 시내로 진출하기는 어려웠으나 항의의 플래카드들이 가두에 펼쳐지고 원주 시민들이 관심을 갖고 나와 시위의 효과는 컸다. 신자와 성직자들은 교회 안에서 3일간 규탄 대회를 계속했다. 이 원주 교구 시위는 지역사회의 민주 역량 과시로서 전국 사회에 미치는 상징적 모범이 되었다.

이어서 10월 15일에는 대학가에서 부정선거를 규탄하며 군사 교련의 철폐를 주장하는 시위가 일어났다. 이 시위를 막으려고 서울 일원에 위수령이 발동되었다. 연세대와 고려대에 군인들이 진입했다. 이어서 서울대를 비롯한 8개 대학교에 휴업령이 내려졌다. 11월 7일에는 국가비상사태가 선포되었고, 12월 22일에는 비상사태 선포를 법적으로 뒷받침하려는 국가보위법을 여당이 국회에 상정해 일방적으로 추진해나갔다. 이 국가보위법은 국회의 동의 없이도 대통령이 비상대권을 행사할 수 있게 하는 초헌법적 조치였다.

바로 이와 같은 긴박한 악순환의 연속 선상에서, 김수환 추기경은 하느님의 모습대로 창조된 인간들의 존엄을 지키기 위해 교회가 십자가를 지고 불의의 세력에 대항할 의무가 있다고 생각하게 되었다. 감당하기에 지극히 어려운 일이며 따라서 고뇌가 따르는 일이었다. 정부의 무리한 억압적 조치들에 대해 비판을 하려 해도 첫째로 언론이 이미 비상사태 선포로 인해 철저히 통제되고 있었다. 진실된 견해를 사회에 전달할 방법이 없었다.

김수환 추기경은 박정희 대통령의 측근이기도 하면서 가톨릭 신자인 한 인사를 만난 계기에 은밀히 물어보았다.

"지금 대통령의 비상대권을 보장하려는 국가보위법의 제정 의도는 집권당 내부의 논의에 의한 것입니까, 아니면 박 대통령 자신의 의도입니까?"

그 인사는 답변했다.

"각하의 의도입니다."

최고 권력자의 의도가 이러하다면 이것은 국민 모두와 나라의 장래를 위해서, 또 대통령 자신을 위해서도 우려스러운 일이 아닐 수 없었다. 그런데 아무도 이 1인의 영구 집권 집념에 대해 지적하는 사람이 없었다. 고뇌에 고뇌를 거듭한 끝에 김수환 추기경은 결단을 내리게 된다. 다가오는 12월 25일 성탄절 자정미사에서 발표하게 되는 '성탄 메시지'를 통해 발언을 하려는 것이었다.

관례상 천주교 서울 대교구장의 명동 성당 성탄절 자정미사 강론을 KBS TV와 기독교방송이 해마다 생중계로 보도하고 있었다. 이 기회를 이용하는 것이다. 그러나 사전 보안을 위해 미사 강론 원고에는 시국 관계 발언을 넣지 않고 작성한다. 문제가 될 발언은 원고에 없지만 생중계 도중에 구두로 첨가하는 방법이 있다. 김 추기경은 이 방법을 쓰기로 했다.

1971년 12월 24일 밤 12시. 명동 대성당의 성탄절 자정미사는 예정대로 시작되었다. KBS TV와 기독교방송의 생중계 팀이 제단 오른쪽에 기자재의 설치를 끝냈다.

미사 중 강론을 시작한 김수환 추기경은 미리 배포되기도 한 '성탄 메시지'를 그대로 읽어 내려 갔다.

"친애하는 교형 자매 여러분! 그리고 시청자 여러분! ……

정부나 교회나 사회 지도층은 국민의 소리를 들을 줄 알아야 합니다. 그들의 양심의 외침을 질식시켜서는 안 됩니다."

여기까지는 김 추기경의 평소 강론 성향에서 크게 달라진 것이 없다고 볼 수 있다. 그러나 강론의 중반부에 들어가서 원고에 없는 발언이 나오기 시작한다. 이렇게 구두로 첨가한 발언의 내용이 대한민국 민주 회복 선언의 첫 번째 목소리가 된다.

보도팀이 당황해하면서 생중계가 중단되기는 했지만 주요한 시국 발언 부분은 다 전달된 뒤였다. 구두 첨가 부분을 포함해서 이 역사적 메시지의 전문을 여기에 제시하기로 한다. 이 메시지 전문은 당시 함석헌 선생이 발행하던 월간지 《씨알의 소리》 편집실이 내게 부탁해 와서 제공한 것이다. 나는 추기경 비서실이 녹음한 내용으로 김 추기경이 구두로 첨가한 시국 발언 부분을 확인할 수 있었다.

원래의 강론 원고에 없던 구두 첨가 부분을 다른 서체로 제시하고, 생중계가 중단된 대목의 앞에는 ＊표로 표시해놓는다.

| 성탄 메시지 |

친애하는 교형 자매 여러분!

우리는 다시 기쁜 성탄절을 맞이했습니다. 밤의 어둠을 헤치고 만민의 빛이신 주께서 오셨습니다. 이 밤에 오신 메시아는 죽음의 가시를 쳐버리시고 믿는 이들에게 천국의 문을 열어주셨습니다. 정의의 주, 사랑의 주, 생명의 주이신 그리스도께서 탄생하신 날입니다. 참으로 "하늘은 기뻐하고 땅은 춤춰라"라고 환희의 노래를 부르지 않을 수 없습니다. 모든 이에게 축복을 빌고 싶은 밤입니다. 가난하고 불우한 이들에게, 병고에 신음하는 이들에게, 특히 북녘의 동포들에게 위로와 평화와 자유의 축복을 빌고 싶은 밤입니다.

이 밤과 이 날만은 반목과 질시, 불화와 분쟁, 전선戰線의 총소리마저 멎고 오직 자비와 평화가, 용서와 사랑이 우리 모두와 온 누리를 가득히 덮어주기를 간절히 빌고 싶습니다.

성탄은 모든 인간의 소원과 갈망을 채워주시는 구세주 오신 날입니다. 사람이면 누구나 지닌 그 영원한 동경을, 그 간절한 소망을 이룩해주시는 메시아 오신 날입니다. 이는 생명과 구원의 날입니다.

그런데 여러분, 우리는 지금 이같이 참된 기쁨을 지니고 있지 못합니다. 주위가 너무나 어둠에 덮여 있습니다. 우리는 참으로 안팎으로 어려운 시기에 처해 있습니다. 태산이 나의 앞길을, 우리 모두와 나라의 앞길을 가로막고 있는 것만 같습니다. 우리는 모두 삶에 지쳐 있습니다. 그래서 너무나 모든 것에 대하여 회의懷疑에 빠져 있습니다. 우리 사회가 진실로 밝고 명랑한 사회가 될 수 있는지 의심합니다. 나라에서 무슨 말을 해도, 교회에서 무슨 이야기를 해도 그것이 여러분에겐 곧이 들리지 않을 것입니다. 그만큼 나라도 교회도 신임을 잃고 있습니다.

  그러나 바로 이 회의와 이 절망적 상황 때문에 돌파구를 찾아보려고 기대하고 있는 것이 인간입니다. 그래서 우리에게는 아쉬운 것이 많은 것도 사실입니다. 인정이 아쉽고, 이해와 진실이 아쉽습니다. 나를 받아줄 따뜻한 마음, 나를 일으켜줄 힘찬 팔, 내 모든 상처를 어루만져 줄 부드러운 손길은 없는지, 모두가 이 같은 동경에 젖어 있습니다. 그리고 이런 그리움을 지닌 채 무엇인가를 찾고 있습니다. 삶의 보람을 느끼지 못하면서도, 절망 직전에 서 있으면서도, 참으로 인생의 의미는 없는지, 빛은 없는지, 우리 겨레가 통일될 날은 언제 올는지 계속 고대하고 있습니다.

친애하는 교형 자매 여러분!

나는 이 모든 괴로워하는 이들과 슬퍼하는 이들과 실의에 빠져 있는 이들과 이 성탄 밤에 마주 앉아 이야기하고 싶습니다. 여러분의 고통, 여러분의 회의, 여러분의 슬픔을 나누고 싶습니다. 그리하여 모든 것을 믿을 수 없다 해도 어두운 밤을 밝게, 외로움과 슬픔은 환희와 위로로 바꾸어놓으신 그리스도만은 믿을 수 있고 그분은 우리가 마지막까지 의탁할 수 있는 분임을 말하고 싶습니다.

오늘의 세계를 날로 더욱 심각한 불행으로 이끌어가는 것은 강대국들이 독점 지배하는 경제와 권력 정치체제입니다. 이것의 근본적인 변화 없이는 세계 속의 불의不義, 특히 그것 때문에 시련과 타격을 받고 있는 약소국들의 문제는 해결될 수 없습니다.

한 나라 안에서도 마찬가지입니다. 우리는 누구나 우리의 고질적 부패와 사회불안의 심원이 현재의 부조리한 권력과 금력의 정치체제에 있다는 것을 알고 있습니다. 여기에 진실로 과감한 혁신이 없으면 부정부패 일소는 도저히 기대할 수 없습니다. 국민 대중과 영세민들의 생활 향상은 기대할 수 없습니다.

우리는 결국 인간 회복과 새 나라의 역사 창조를 단념하지 않을 수 없게 될 것입니다. 사실 생각하는 사람은, 아직도 인간과 그 양심을 믿고 살고 싶은 사람은 누구나 지금 심각한 고민에 빠져 있습니다. 정부나 교회나 사회 지도층은 국민의 소리를 들을 줄 알아야 합니다. 그들의 양심의 외침을 질식시켜서는 안 됩니다. 만일 현재의 사회 부조리를 극복하지 못하면, 또한 만일 문제 해결을 힘이나 인간 기본권을 무시하는 강압적 수단에서만 찾는다면 우리나라는 독재 아니면 폭력 혁명이란 양자택일의 기막힌 운명에 직면할지도 모릅니다.

우리는 특히 작금에 있어 비상대권을 에워싼 정부 및 여야 정당과 정계의 심각한 동태를 주시하면서 이 같은 우려를 더욱 심각히 느끼지 않을 수 없고 또한 표명하지 않을 수 없습니다.

차제에 나는 정부와 여당 국회의원 제위에게 상당수 국민의 양심을 대신해서 묻고 싶습니다.

여러분은 과연 이른바 국가보위특별조치법의 입법이 국가 안보상 시기적으로나 정세적으로나 필요 불가결의 것이라고 양심적으로 확신하고 계십니까?

국가 안보의 가장 큰 힘은 국민 총화에 있음을 정부와 여당은 누차 강조했습니다. 우리 또한 여기에 동감하고 있습니다. 그런데 보위법은 이 시기에 과연 국민 총화를 이룩하는 데 도움을 준다고 정부와 여당 국회의원 여러분은 믿고 있습니까? 이와는 반대로 이 법은 민주 국민의 정신을 위축시키고 지금 있는 정부와 국민의 위화감을 조장할 뿐 아니라 국민 총화 자체를 오히려 해칠 염려가 크다고 생각해볼 수는 없습니까?

이 법은 바로 먼저 북괴의 남침을 막기 위해서입니까, 아니면 국민의 양심적인 외침을 막기 위해서입니까?

국민은 아직도 대통령을 존경하고 있습니다. 그런데 이 법이 대통령의 권한을 거의 절대적으로 만드는 반면에 어쩌면 바로 그 때문에 대통령에 대한 국민의 신뢰와 존경을 격감시킬 수 있다고 생각할 수 없습니까?

왜 그럽니까? 만일 우리가 이 법을 잘 읽어보면, 그리고 이 법이 통과되어서 대통령이 이 법을 수행한다면 국민은 대통령을 신뢰하고 존경하기보다 그분을 두려워하게 될 것입니다. 두려워하는 나머지 그분을 경원하게 될 것입니다. 경원하는 나머지 그분을 싫어하게 될 것입니다. 정부와 여당 국회의원 여러분은 이와 같은 염려가 이 법을 통해서 있을 수 있다는 것을 생각해본 일이 있습니까?

만일 그렇게 된다면 어느 때보다도 대통령의 영도하에 국민이 총단결해야 할 이 난국을 이 법은 극복에 도움을 주기보다 오히려 파국으로 몰고 갈 염려가 없지 않습니다.

정부와 여당 국회의원 여러분은 참으로 여러분의 양심에 비추어서 만일의 경우에 올지도 모르는 이 같은 파국에 대해서 국민 앞에 책임을 질 수가 있습니까? 나는 이 소리를 오늘 아무도 하지 않기 때문에 한 종교인으로서, 한 종교계 지도자로서 많은 국민이 지금 양심으로 고민하고 있는 이 질문을 정부와 여당 국회의원 여러분에게 던집니다.

왜냐하면 이 법안에 대하여 좀 더 깊이 심사숙고하지 않으면 이 법안은 우리 모두를, 이 법안을 지금 만들려는 그분들이 또 이 법안을 내놓으면서 말하는 그 취지와는 달리, 아무도 책임질 수 없고 책임지고 싶어도 질 수 없는 만큼 우리 모두와 겨레에 불행을 초래할지도 모르기 때문입니다.

어떻든 우리 겨레는 오늘날 이 시점에서 국민 모두의 단결을 바라고 있습니다. 그러나 아무도 어떠한 의미의 독재를 원치 않습니다. 혁명도 원치 않습니다. 그것이 친여이든 친야이든 상관없습니다. 특히 공산주의자들의 그 같은 책동에 대해서는 불의에 대해서와 같이 우리는 강력히 저항합니다.

오늘 우리가 바라는 것은 혁명이 아닙니다. 오늘 우리가 바라는 것은 혁신입니다. 외국 말을 빌리면 Revolution이 아니고 Revelation, 계시를, 진리의 계시를 우리는 소망하고 있습니다.

공산주의와 대처한 이 마당에 우리의 힘은 참된 민주주의에 있습니다. 사회 각계각층 정계, 언론계, 학계, 경제계, 종교계 및 농어민과 근로 대중에 민주 역량을 성장시키고 규합하는 것이 무엇보다 바람직한 일이고 시급한 일입니다.

오늘 우리에게 필요한 것은 모든 국민을 하나로 묶을 수 있는 숭고한 정신, 하느님을 두려워하는 의로운 정신과 그 행동입니다. 모든 이의 마음속에서 지금 식어가는 애국·애족심을 다시 불태울 수 있는 참신한 정치, 인간 존엄성과 사회정의에 입각한 시정施政이 무엇보다도 필요한 것입니다. 여기에 모든 이의 소망을 볼 수 있습니다. 국가 안에서는 모든 이가, 국제적으로는 모든 국가가 평등하고 서로 권익을 돌보며 일체감을 갖는 사회를, 평화 정의의 사회를 이루는 것입니다.

그러나 이런 것의 성취를 강생하신 그리스도의 생활과 그 정신을 떠나서, 신비를 제외하고 어디서 발견할 수 있겠습니까? 그분이 베푸신 사랑, 그분이 지키신 정의, 그분이 요구하신 신뢰, 한마디로 오늘 우리에게 필요한 것은 정의요, 사랑입니다. 정의와 사랑이 없는 곳에 평화와 기쁨이 있을 수 없습니다. 평화가 없는 곳에 사회 안정과 질서는 없습니다.

그렇다면 우리는 무엇을 해야 하겠습니까? 특히 국민이면서 동시에 크리스천인 우리는, 교회는 무엇을 해야 하겠습니까?

우리는 스스로가 먼저 참된 강생의 신비를 깊이 깨닫고 그의 사랑과 정의 안에 살고 단결해야 하겠습니다. 오늘 탄생하신 그 그리스도의 복음福音에 살아야 하겠습니다. 천주님의 말씀이시고 사랑이신 성자께서 사람이 되셨음과 그의 말씀, 그의 사랑을 그를 믿고 따르는 이들을 통하여 '현재'에 구현되고 실천되어야 하겠습니다. 이를 위해 저를 위시해서 모든 성직자와 수도자들 그리고 지도층의 신자 여러분이 먼저 대오각성大悟覺醒해야 하겠습니다. 그래야만 2천 년 전에 강생하신 그리스도가 불행과 절망에 빠져 있던 이들에게 실제로 구원의 기쁜 소식이 되었듯이, 교회는 오늘의 사회에 진정한 그리스도로 나타나게 될 것입니다. 우리가 사회와 정부를 향해서는 정의를 부르짖으면서 우리 안에 정의의 실천이 없다면 우리는 위선자가 되는 것이고 강생하신 그리스도를 배반하는 것입니다.

그런데 오늘의 한국 교회, 특히 나를 포함한 교회의 지도층, 성직자, 수도자들은 이 정신을 가졌습니까? 이 사랑을 가졌습니까? 우리는 어느 때보다도 이 역사의 심야(深夜)를 밝혀야 할 중차대한 사명을 지고 있습니다.

이와 같은 반성이 있고 이 반성을 토대로 교회 자체의 혁신이 있을 때, 그리고 정의와 사랑의 행동이 있을 때 우리 교회는 참으로 한국 사회 안에 그리스도를 강생케 할 것입니다. 이 사회와 나라를 구할 수 있을 것입니다. 그때에 이 사회에 이 어두운 세파를 향하여 성탄의 기쁜 소식을 외칠 수 있을 것입니다. ＊그때에야 비로소 우리는 하느님과 인간, 인간과 인간을 일치시키는 성사, 즉 일치의 도구와 표지로서의 교회가 될 수 있을 것입니다.(「교회 헌장」 1장 참조)

오늘의 우리 사회와 겨레는 그래도 교회에 기대를 걸고 있습니다. 그러나 그 기대는 결코 성탄의 종소리나 아름다운 성가나 더구나 화려한 예식이 아닙니다.

휘황한 크리스마스트리가 아니라 성직자, 수도자, 신자들의 마음속에 세상을 밝히는 등불이, 진리와 사랑의 등불이, 정의의 등불이 밝혀지기를 우리 동포들은 모두가 고대하고 있습니다. 갈망하고 있습니다.

지금이야말로 우리는 모두 겨레와 사회 구원을 위한 봉사자들로서 성탄의 기쁜 소식을 외쳐야 할 때이며, 성탄의 신비를 살아야 할 때입니다. 교회의 존재 이유는 바로 여기에 있는 것입니다.

예수그리스도의 신비체는 그리스도의 과업을 목적으로 하는 것 외에 다른 아무것도 있을 수 없습니다.

친애하는 교형 자매 여러분!

우리는 참으로 우리 안에서만이 아니라 삼천리 방방곡곡에 울려 퍼지는 구세주 강생의 이 기쁜 소식을 전해야 하겠습니다. 도시와 판자촌, 모든 공장과 농어촌, 산간벽지의 오막살이, 그리고 먼바다의 낙도落島에까지 메아리치는 성탄가를 불러야 하겠습니다.

2천 년 전 한밤중에 가난하고 외로운 이들에게 기쁜 소식이 되었듯, 오늘의 어두운 곳 외로운 곳에 이 소식이 전해져야 하겠습니다. 이 밤만이 아니라, 내일도 모래도 끊임없이 이제 밤은 더 깊어지지 않으리라고, 태양이신 그리스도의 강생으로 어두움이 사라졌다고 외쳐야 하겠습니다.

그것은 나의 생활 안에서부터 시작하여 우리 사회와 삼천리 강산, 북녘에 이르기까지 그리스도의 진리와 사랑, 그리스도의 정의와 평화를 내 몸으로 살고 펴나감으로써입니다.

나는 여러분에게 이 은총을 빕니다. 이것이 바로 구세주 강생의 은총입니다. 이 성탄과 새해에 여러분과 여러분의 가족과 온 겨레와 만민에게 이 평화의 은총을 거듭 빕니다.

― 1971년 12월 성탄절
천주교 추기경 김수환

이 '성탄 메시지'의 성격은 철두철미하게 상대를 공격하는 것이 아니다. 김수환 추기경은 상대가 물러날 뒷문을 걸어 잠그고 밀어붙이는 야박한 비판은 하지 않는다. 그러므로 "국민은 아직도 대통령을 존경하고 있습니다"라는 말도 썼다. 또 "이 법은 북괴의 남침을 막기 위해서입니까"라고 냉전 체제의 타성적 어법도 그대로 받아들여 쓰고 있다. 요는 민주주의에 의한 국민 총화가 이제부터라도 제 길을 접어들기만 하면 된다는 점을 설득하려는 것이다.

국민을 억압하는 국가보위법 같은 것을 만드는 길로만 계속 나아가면 그러한 법을 만든 사람들로서도 책임질 수 없는 불행이 닥쳐올 수 있다는 데까지도 말하고 있다.

그러므로 김수환 추기경의 이 '성탄 메시지'는 무리를 해서 잘못된 길을 걸어가는 사람을 구원하려는 화해와 사랑의 뜻도 담고 있다. 진리를 사랑하는 예언자의 충언이다.

그런데 이 충언은 받아들여지지 않는다. 이 자정미사 강론을 마침 박정희 대통령이 시청하고 있었다. 김 추기경이 보위법을 비판하는 발언이 나오자 박 대통령은 노발대발하며 KBS의 생중계를 중단시키도록 명령을 내렸다. 방송국의 보도 책임자가 하필 자리에 없었으므로 중계방송의 중단은 조금 더 시간이 걸렸다.

문제의 시국 발언 부분이 다 지나가고 나서야 방송은 중단되었다. 방송국의 보도 책임자는 그 뒤 직장에서 퇴사 처분을 당했다.

김 추기경은 방송국의 그 희생자를 생각하며 마음 아파 했다. 청와대의 공격이 가톨릭교회 쪽으로 올 차례였다. 김 추기경을 직접 연행하지는 못하더라도 추기경 휘하의 신부들이 남산 중앙정보부에 연행되는 것은 능히 있을 수 있는 일이었다.

그런데 12월 25일 오전 10시 직전에 충무로1가 대연각 호텔에서 LP가스 폭발로 큰 화재가 일어났다. 화재의 현장은 명동 성당에서 빤히 내려다보이는 위치에 있었다. 그 호텔의 소유주가 중앙정보부장이라는 소문이 나 있었다. 지상 21층의 호텔 전체가 삽시간에 불길로 휩싸였다. 호텔의 창구마다 구조를 기다리는 투숙객들이 몰려 몸을 내밀고 비명을 질렀으나 연기와 화염으로 인해 구조되지 못했다.

결국 투숙객 163명이 사망하고 63명이 부상을 입어 세계적으로 호텔 화재 역사상 최악의 참사로 기록되었다.

박정희 대통령이 직접 내무 장관을 대동하고 화재 현장을 시찰했다. 이러한 소용돌이 속에서 김수환 추기경의 지난밤 자정미사 성탄 메시지 문제는 정부 당국이 따져볼 겨를이 없게 되었다.

이러한 와중에서도 나는 내가 편집하는 《창조》의 특집 화보 구상을 했다. 화재 장면을 찍은 사진에 '불타는 근대화'라는 제목을 붙이고 해설 기사를 써 내려 갔다.

"연말 수백의 인명을 앗아 간 대연각 호텔. 23억 원이 넘는 엄청난 투자, 운영비로 32억 원을 더 대출받고도 방화 시설을 갖추지 못한 '근대화의 사상누각'. 물량주의에만 치우치고 인명을 경시하는 풍조가 가슴 아플 뿐이다."

국내외에서 많은 사람이 참담하게 여기는 이 화재 사건에

김 추기경과 필자.

도 불구하고 대한민국 국회는 문제의 국가보위법을 여당 단독으로 통과시킨다.

김수환 추기경이 성탄절 자정미사에서 그처럼 충정을 담아 재고하기를 호소한 역사적 시국 발언은 받아들여지지 않았다. 국회의 동의 없이도 대통령이 비상대권을 행사할 수 있게 하는 32개조의 그 국가보위법이 12월 27일 어둠에 싸인 새벽 3시에 경찰이 밖을 호위하는 국회 제4 별관에서 여당의 단독 결정에 의해 3분 만에 통과되었다.

3부

《창조》 잡지를 내며

인간적인 모습

김수환 추기경은 문필에 능한 성직자였다. 예민한 감각적 문장을 쓰지는 않았지만 자신의 생각을 순탄하고 정확하게 표현하는 필치를 발휘해 강론 원고와 수필 등을 대개 손수 작성했다.

그러한 그는 성품으로도 문인들을 좋아했다. 원로급의 선배 성직자로서 시를 쓴 최민순 신부, 수필을 쓴 윤형중 신부 등을 그는 소중한 어른으로 여겼다.

현대 한국 문단의 신자 문인으로는 구상 시인과 김남조 시인에게 친근감을 가지고 지냈다. 이 문인들이 어쩌다가 병원에 입원을 한 경우에는 직접 병원을 찾아 문병을 했다.

2004년 5월에 구상 시인이 세상을 떠났을 때 그는 강남 성모병원 영안실을 찾아 문상을 했다. 긴 묵념으로 문상을 마친 김 추기경이 병원 문밖으로 나설 때 장례위원회 사람들

몇이서 배웅을 하느라고 따라나섰다. 그때 나도 맨 뒤에서 따라나섰는데 앞서서 따라가던 사람이 돌아서서 내게로 왔다. 김 추기경님이 나를 찾으신다는 것이었다.

내가 앞으로 가서 김 추기경을 뵈었다. 그는 흰 봉투 하나를 내게 주었다. 조의금으로 돈을 내놓는 일이 어색했다며 내게 넘겨준 봉투의 겉에는 아무 글씨도 쓰여 있지 않았다. 현금이 든 봉투가 두둑했다. 내가 이 조의금 봉투를 가지고 접수대로 가서 돈의 액수를 세어보았다. 백만 원이었다. 나는 봉투 앞면에 "근조謹弔 김수환 추기경"이라고 쓴 후 접수를 시켰다.

조의금 액수가 좀 많다고 느껴졌다. 그러나 이것도 김 추기경이 구상 시인을 추모하는 두터운 마음의 표현으로 이해할 수 있었다.

천주교 서울 대교구가 발행하던 월간 《창조》의 발행인이 김수환 추기경이고 내가 편집 주간으로서, 이어 붙은 같은 건물에서 근무했으므로 밖에서는 문단적 문필인인 내가 김 추기경의 글을 많이 대필했으려니 추측하는 것 같았다. 그러나 그런 경우는 매우 드물었다. 김 추기경이 은퇴해서 혜화동 주교관으로 거처를 옮긴 후에는 이미 연세도 있고 건강에 문제도 있었으므로 간단한 것을 대필한 일은 있다.

　구상 시인의 1주기를 맞아 김 추기경으로부터 짤막하게라도 추도문을 받아달라고 유족이 내게 부탁했다. 내가 혜화동 주교관 비서 수녀에게 전화를 했다. 수녀의 답변은 "추기경님이 원고를 쓰시는 방법이 한 가지 있죠"라는 것이었다. 그것은 바로 내가 대필을 하면 된다는 것이다. 나는 짤막한 글을 대필해가지고 혜화동 주교관에 제출했다. 김 추기경의 검토가 끝나고 내가 넘겨받은 데에 세 군데에 한 자씩 덧붙여진 것이 있었다. 그것은 "구상 선생"이라고 한 데에 '님' 자 한 자씩을 추가한 것이었다.

　대필 이야기를 하다 보니 《창조》에 근무하던 시절 생각이 난다. 김 추기경 집무실에서 연락이 와서 가 뵈었다. 어떤 언론 재단에서 김 추기경에게 「언론 자유의 사명」이란 제목으로 원고 청탁이 왔는데, 시간이 없어서 직접 쓸 수가 없는 사정이라는 것이었다. 그러니까 내가 대필을 할 수 있다고 하면 청탁을 받아들일 것이고, 못 하겠다고 하면 안 쓰는 것으로 하겠다는 것이다.

　나는 그때 언론 자유가 시련을 겪고 있는 우리 사회의 현실이 안타까워 대필을 하기로 했다. 그로부터 여러 날이 지난 후 추기경 비서실에 근무하는 젤투르다가 나를 찾아와 흰 봉투를 하나 주었다. 원고료였다. 나는 그 글은 추기경님 명의로 된 글이니까 내가 원고료를 받을 수는 없다고 말해 보냈다. 비서가 금방 되돌아왔다. 추기경님이 역정을 내신다는 것이다. 내가 원고료를 받지 않는다고 화가 나신 것이었다. 할 수 없이 나는 그것을 받았다.

이런 일들은 다 한가한 여담 같은 것들이다. 그러나 사람이 사는 일이 어떻게 늘 긴장하고 치열하게만 되어가는 것이겠는가. 느슨한 대로 거기에 조성되는 분위기라는 것이 있고, 그 분위기 안에 인간적인 모습들이 있다. 일이라는 것도 다 이 인간적인 일상 속에서 이루어진다. 이러한 일상의 전체적 조화 관계를 가리켜 다른 말로는 '문화'라고 부르기도 한다.

'문화'를 넓은 의미에서 정의하면 인간이 정신과 육체를 연마하고 발전시키며 겪는 모든 것을 뜻한다. 문화는 필연적으로 역사적이고 사회적인 의미를 지니며, 사회학적이고 민족학적인 의미도 내포하고 있다.(「사목 헌장」 53항)

김수환 추기경은 당대의 정치적 현실에 집중해 관심을 가진 것이 아니고 크게 보아 문화적 성향을 지니고 있었다.

시대 현실의 격동

서울 대교구 주교관(구 주교관) 건물에는 은퇴한 윤형중 신부의 숙소가 있었다. 윤형중 신부는 해방 후 〈경향신문〉 사장을 지냈지만 일제 때 1933년에는 《가톨릭 청년》이란 월간지를 창간해 사장직을 맡은 일이 있다.

당시 《가톨릭 청년》은 만주의 연길 교구까지 포함해 조선의 다섯 개 교구가 연합으로 재정 지원을 한 의욕적인 지면이었다. 아트지 화면란을 설치하는 것을 비롯해 격조 높은 제작을 했다.

윤형중 사장 신부와 더불어 잡지의 편집 책임을 맡은 이는 정지용 시인이었다. 정지용 시인은 일본 교토에 있는 도시샤同志社 대학에 유학하던 중 1928년에 프랑스인 뒤티 신부로부터 영세를 해 가톨릭 신자가 되었다. 대학을 졸업하고 귀국한 이듬해인 1930년부터 정지용 시인은 명동 성당 종현청년회鐘峴靑年會의 총무가 되었고, 천주교 잡지《별》의 편집에도 참여하다가《가톨릭 청년》의 창간에 참여했다.

이때 정지용은 이미 문단의 중견 시인으로 소설가 이태준과 함께 구인회九人會를 조직하여 활약하는 위치에 있었다.

정지용 시인은 시인 이병기·이상·신석정·김기림·유치환, 소설가 이태준·김동리 등의 작품을《가톨릭 청년》지면에 발표케 해 1930년대 조선 문단과 천주교회의 소통에 이바지했다. 그리고 정지용 시인의 이와 같은 역할을 뒤에서 윤형중 사장 신부가 적극적으로 뒷받침해주었다.

《가톨릭 청년》은 1936년에 이르러 일제가 식민지 조선을 압박하는 사상범 관찰령을 공포하는 등 사회 여건이 점점 악화되는 속에서 폐간되고 말았다. 같은 해에 동아일보사가 간행하던《신동아》도 지령이 50호 이르렀음에도 역시 폐간되고 말았다.

해방 후 복간된《가톨릭 청년》은 부피도 적었고 소극적인 운영을 하다가 1971년에《창조》로 제목을 바꾸어 9월호로 재창간하게 되었다. 이 일을 결단한 이가 김수환 추기경이다.

《창조》는 교회의 사회참여에 가교 역할을 자임했다. 그리하여 천관우·지학순·강원룡·홍이섭·김성식·이숭녕 등

《창조》는 김 추기경이 발행인이고, 필자가 주간이었다.

지도적 지성인층과 김정한·안수길·박두진·이문구 등 문단의 중진들이 두루 기고하는 잡지가 되었다. 재창간 첫 호 3천 부 발행으로 시작했는데 1년쯤이 지나고 8천 부 제작으로 발전했다.

그런데 1972년 10월의 유신헌법 선포가 물리적으로 돌파할 수 없게 언론을 통제했으므로 교구가 자진 휴간을 결정하게 되었다. 그리고 다시 복간을 하지 못해 《가톨릭 청년》과 《창조》의 명맥이 사라지고 말았다. 이것은 시대의 악조건에 의한 희생이었지만, 다른 한편으로 교회 자체로서도 대사회 잡지 언론의 재개에 뜻을 세우지 못한 문제가 있다.

그러나 1987년의 6·29 직선제 개헌이 이루어지기 전까지는 《창조》의 발행인이었던 김수환 추기경으로서도 문화라든가 홍보 부문에서 새로이 사업을 재개할 여건이 못 되었다고 보기도 한다.

다만 《창조》의 간행이 1년 2개월에 그치게 되었는데, 나는 이 잡지의 모체인 가톨릭출판사의 주간으로 10년이 넘게 계속 근무하면서 출판사 발행인인 김수환 추기경 곁에 머물렀다.

그 시대 현장의 이야기는 필경 나 개인의 체험에 관계되는 내용이므로 언급을 하기가 외람하다는 생각을 하지 않을 수 없다. 그러나 근래 김수환 추기경에 대해 사회 일각의 인식에 사실과 다른 것들이 있고, 와전의 폐해도 있다는 점에 생각이 미친다. 이것은 김수환 추기경의 인격에 관계되는 일이므로 나는 비근한 개인적 체험을 통해서라도 나름의 진실에 대해 이야기하고 싶다.

《창조》1972년 4월호를 기획하면서 나는 김지하 시인에게 시 한 편을 청탁하려 했다. 나는 나보다 조금 연하인 6·3 세대의 김중태·김도현·이부영 등을 일찍부터 알고 지냈다. 그들의 친우가 김지하이므로 그도 잘 알았다. 김지하가 당시 「오적」을 발표하고 투옥되었다가 석방되었을 때에 나는 문단의 몇 명 친우와 함께 김지하를 경기도 광주 내 고향 마을에 초대하기도 했다.

우연히 어느 장소에서 김지하 시인을 만나게 되어 나는 그의 시를 청탁했다. 김지하 시인은 바로 그 전 해 부활절에 원주에서 영세를 해 가톨릭 신자가 되어 있었다. 그는 말하기를 '부활'에 관한 시를 써보면 어떻겠느냐고 했다. 나는 좋다고 했다.

김지하의 시가 마감에 맞춰 들어왔는데 나는 그때에 안질에 걸려서 눈에 안대를 하고 있었기 때문에 원고들을 읽지 않았다. 내가 신뢰하는 동료 백승철 편집장, 김성종 기자 등에게 김지하의 시를 읽어보라고 했다. 그들은 읽고 나서 시가 굉장히 재미있고 좋다고 했다. 그 말을 듣고 나도 즐거워했다.

그것이 장시 「비어蜚語」라는 것이었다. 분량이 2백 자 원고지로 113장이나 되었다. 부활에 관한 시를 쓸 것 같던 처음의 예상과는 다른 것이었지만 이것은 이것대로 좋다고 나는 생각했다. 4월호 잡지가 나온 후 시를 읽어보았다.

밥벌이도 제대로 안 돼 취직도 된다 된다 차일피일하다가는 흐지부지 그만 안 돼

빽 없다고 안 돼 학벌 없다고 안 돼 보증금 없다고 안 돼 국물 없다고 안 돼

초두에서 아무 데나 한 대목을 읽어도 이런 식이었다. 김지하의 「오적」이나 「비어」나 다 사회 현실에 대한 풍자시로서 걸작이다. 나는 「비어」가 작품성으로서는 「오적」보다 우수하다고 생각했다.

그런데 아침에 내가 출판사로 출근을 하니까 난리가 나 있

었다. 중앙정보부가 나서서 서점에 깔린 잡지들을 전부 압수해버렸다는 것이다. 출근길에 주교관 마당에서 총대리 부주교를 만났는데 내게 책망을 하는 표정은 아니고 눙친 억양으로 "그러게 조심을 해야 한단 말이야" 하는 염려의 말을 했다.

조금 있다가 중앙정보부에서 두 명이 와서 내게 좀 물어볼 일이 있으니 잠시 남산까지 가자고 한다. 남산의 제6국 형사국에 연행되었다. 그런데 남산에 도착하자마자 기관원들이 내게 대하는 태도가 돌변했다. 나는 무엇보다도 인격적인 모욕감 때문에 묻는 말에 답변이 나오지 않았다.

그리고 20여 일 동안 시달리면서 나는 내 담당 수사관의 간청에 오히려 연민을 느껴 그들의 요구대로 가톨릭출판사 주간직을 사퇴하겠다고 응낙했다. 그리고 남산을 내려와서 사표를 써 회사에 제출하고 책상 서랍을 정리한 후 집으로 갔다. 이 사건으로 김지하 시인 자신도 남산에 불려 가 다시 옥고를 치르게 되었다.

내가 《창조》에 출근을 하지 않고 일주일쯤 되었는데 회사에서 연락이 왔다. 전임 유봉준 사장 신부는 사퇴를 하고 신임 김병도 사장 신부가 발행인 김수환 추기경의 방침을 전달했다. 《창조》의 발행인은 나인데 왜 주간이 책임을 지고 사퇴하는가, 몸이 피곤할 터이니 3개월간 집에서 쉬고 다시 출근해서 가톨릭출판사 단행본 간행까지 총괄하는 편집 주간직을 계속 맡아야 한다는 것이었다.

3개월을 쉬는 동안 월급은 매월 집으로 보내주겠다고 한다. 그때엔 은행의 온라인 제도도 없었으므로 백승철 편집장이 월급봉투를 내게 전달했다. 내가 제출한 사표를 김 추기경이 늦게 알게 되었고, "교회가 사람을 키워야 하는데 들어와 있는 사람도 내보내면 안 된다"라고 했다는 김 추기경의 언급을 김병도 사장 신부는 고지식하게 전달했다.

같은 무렵 동아일보사에서도 필화 사건이 일어나 천관우 주필이 퇴사를 했다. 그런데 들리는 말에 의하면 회사가 천 주필에게 마무리 대우를 잘 하지 못했다고 한다. 사학자이며 언론인인 천 주필은 당대의 지사로 존경을 받는 위치에 있어 문단의 젊은 친구들이 정초에 세배를 하러 가곤 했다.

그만한 이가 시대를 잘못 만나 사회적으로 섭섭한 은퇴를 하는데, 아직 40대의 젊은이인 나에게 김수환 추기경이 베푸는 배려와 의리는 보기 드문 사례였다. 그리하여 3개월을 집에서 쉰 뒤에 나는 다시 가톨릭출판사에 나가 10년의 세월을 더 김수환 발행인 밑에서 지내게 된다.

《창조》에 발표된 김지하의 장시 「비어」로 인한 파동에 대해 뒷날 김수환 추기경은 다음과 같이 소감을 밝혔다.

> 시인 김지하(프란치스코)는 1970년대 반독재 민주 투쟁의 상징적 인물이다. 대학생들과 지식인들은 한국 사회의 거짓과 부패를 신랄하게 비판한 그의 저항문학에서 숨통을 틔웠다.
> 하지만 그와의 첫 인연은 순탄하지 않았다. 1972년 4월 서울대교구에서 발행하는 종합 월간지 《창조》에 그의 장편 풍자시 「비어」가 실리는 바람에 한바탕 홍역을 치렀다.
> 교구장인 내 이름으로 발행되는 잡지에 욕설투성이 시가 실린 것이 마음에 걸렸다. 아니나 다를까 중앙정보부 요원들이 들이닥쳐 잡지사를 발칵 뒤집어놓고 잡지를 모조리 압수해 가는 등 난리가 났다.
> 김지하는 반공법 위반 혐의로 입건되고, 구중서 편집 주간은 중앙정보부에 끌려가서 20여 일간 고초를 겪었다.
> 나는 시 한 편을 갖고 왜 이리 야단법석인가 하고 그 시를 다시 훑어보았다. 그런데 표현이 거칠기는 하지만 틀린 말이 하나도 없었다. 강렬한 언어와 신명 나는 리듬으로 거짓과 불의를 속 시원히 풍자한 시였다.(《평화신문》 게재)

김수환 발행인의 이만한 통찰과 진취적 이해심 덕분에 나는 가톨릭출판사 일을 보면서 《창조》도 계속 편집할 수 있었다. 그러나 시대 현실의 격동은 계속되었으니 '과연 어떤 것이 진실이고 어떤 것이 허위인지도 분간하기가 힘들었다. 특히 1972년 7월에 있었던 남북공동성명은 사람들을 놀라게 했다. 남한의 이후락 중앙정보부장이 북한의 평양을 방문해서 이른바 '7·4 남북공동성명'을 발표한 것이다.

 최근 평양과 서울에서 남북 관계를 개선하며 갈라진 조국을 통일하는 문제를 협의하기 위한 회담이 있었다. ……쌍방은 오랫동안 서로 만나보지 못한 결과로 생긴 남북 사이의 오해와 불신을 풀고 긴장의 고조를 완화시키며 나아가서 조국 통일을 촉진시키기 위해 다음과 같은 문제들에 완전한 견해의 일치를 보았다.
 첫째, 통일은 외세에 의존하거나 외세의 간섭을 받음이 없이 자주적으로 해결하여야 한다. 둘째, 통일은 서로 상대방을 반대하는 무력행사에 의거하지 않고 평화적 방법으로 실현하여야 한다. 셋째, 사상과 이념·제도의 차이를 초월하여 우선 하나의 민족으로서 민족적 대단결을 도모하여야 한다.

……쌍방은 이상의 합의 사항이 조국 통일을 일일천추로 갈망하는 온 겨레의 한결같은 염원에 부합된다고 확신하면서 이 합의 사항을 성실히 이행할 것을 온 민족 앞에 엄숙히 약속한다.

반외세, 자주 평화 통일의 원칙을 제시한 이 7·4 남북공동성명의 내용은 정당하고도 완벽한 것이었다. 그리고 놀랍고도 반갑기 그지없는 일이었다.

그러나 그리스도인들은 이 세상의 역사에서 종국적 해결과 완전한 성공을 쉽게 믿지 못한다. 그것이 그리스도가 말한 가라지의 비유다. 원래 밭이랑에 뿌려진 좋은 밀알이 있지만, 어떤 훼방꾼이 밤에 몰래 뿌리는 가라지가 있는 법이다. 열매가 확연히 구분되는 추수 때까지 인내하며 기다리는 수밖에 없다.

이해 8월 15일에 김수환 추기경은 과연 7·4 남북공동성명이 지켜질 것인지를 주시하겠다는 성명을 발표한다.

우리는 7·4 남북공동성명이 영구히 전쟁 수단을 포기하고 대화로써 조국의 평화를 달성하는 디딤돌이 되기를 간절히 소망한다. 이것이 평화를 위장한 전쟁 준비의 수단이 되거나 권력정치의 기만전술이 되어서는 안 된다는 것을 민족과 더불어 엄숙히 경고한다.(「난국 수습을 위한 제언」)

이 성명에서 김 추기경은 오히려 정치인들이 금권정치·정보 정치·비상조치의 남발을 중단하고 진정한 민주화를 먼저 실현해야 한다는 점까지 제시했다.

그러나 과연 7·4 남북공동성명의 결과는 무엇을 가져오는가. 남한에서는 12월 22일 통일주체국민회의라는 조직을 통해 박정희 단일 후보를 제8대 대통령으로 선출하고 이어서 27일에 유신헌법을 선포한다. 북한은 12월 25일에 김일성 수상을 주석으로 승격시키고 권력을 강화하는 새 헌법을 제정했다. 신기할 정도로 김 추기경의 예측과 우려가 정확히 맞아떨어졌다. 남과 북은 평화적 교류를 촉진하기는커녕 대립적 체제 강화의 길로 역행했다. 그리고 그 유신헌법으로 인해 《창조》는 더 간행할 수가 없게 되었다.

나는 다만 가톨릭출판사의 일반 단행본과 월간 《소년》을 총괄하는 편집 주간으로 계속 주교관 마당을 드나들었다.

문화의 마당

서울 대교구 주교관 마당에는 문화의 기운이 서려 있다. 주교관 건물에는 은퇴한 원로 윤형중 신부의 방이 있다. 노기남 교구장 시절 이래 김수환 교구장 시절에도 그는 계속 이 주교관 안에서 살고 있었다.

일찍이 《가톨릭 청년》의 사장이었다는 점도 있지만 그는 한국 천주교회를 대표할 만한 문장가로 널리 알려져 있다. 조선조 후기 가사의 4·4조 2음보 형식으로 된 그의 저서 『사말四末의 노래』도 널리 읽히고 있다. 인간은 누구나 죽고 내세에 지난 생애에 대해 평가를 받게 된다는 내용이다.

그러므로 윤형중 신부는 남달리 내세에 대해 일찍부터 늘 생각하고, 현세에서는 아집으로부터 초탈한 생활을 하는 모습이었다. 그가 경향신문사 사장직을 사퇴할 때 한 유명한 퇴임사가 있다.

"천주교 신부는 주교의 명령에 순명할 뿐입니다. 사장을 하라니까 했고 그만 하라고 하니까 퇴임을 합니다."

이것이 퇴임사의 전부였다.

거소로부터 외출을 하는 모습도 별로 볼 수 없어 마치 봉쇄수도원의 수도자 같았다. 나는 《소년》의 윤홍로 편집장과 함께 불시에 윤 신부 방을 방문해 문안을 했다. 그때 느낌으로는 그가 너무 외로울 것 같았다. 신앙인들이 말로는 늘 '사랑'을 강조하면서 교회에 공로가 많은 노사제를 이렇게 쓸쓸히 지내게 하는가 하는 생각이 들었다.

그러나 알고 보면 그는 결코 외롭지도 않고 섭섭하지도 않았다. 일제시대 1930년대에는 정지용 시인과 함께 외부 문인들을 《가톨릭 청년》에 초청해 어울렸다. 《경향 잡지》 사장도 겸임해 지면을 통해 장면 부통령의 당선을 위해 열심히 후원했다.

그러다가 1975년 초두에는 민주회복국민회의의 상임 대표가 되어 가톨릭출판사 2층 회의실에서 기자회견을 열었다. 이 민주회복국민회의는 당시에 재야 민주 회복 운동 인사들을 총괄하는 기구였는데, 윤형중 신부는 73세의 고령으로서 이 기구의 상임 대표가 되었다. 그리고 기자회견에서 "1인

장기 집권의 철폐와 민주 헌법의 채택"을 주장했다.

이때 윤형중 신부는 성량도 카랑카랑하고 태도도 당당하다기보다 태연했다. 그는 이제 목숨도 쉽게 바칠 만한 나이가 되었다고 생각하는 것 같았다. 그는 실제로 가톨릭 성모병원에 처음으로 안구를 기증했다. 많지 않은 예금이었지만 그중의 큰 부분을 앰네스티(사면 기구)에 기부하고, 나머지는 당신 주변에서 봉사해준 이들에게 나누어주기를 당부해놓았다.

신부의 이러한 당부는 누구에게 하는가. 만사를 교구장 주교에게 하는 것이다. 심지어 당신이 죽으면 빈소에서 밤을 새우는 이들이 없게 해달라고 했다. 이에 대해 김수환 교구장은 "그 당부를 들어드릴 수 없습니다"라고 했다. 그리고 마지막 임종을 하던 밤에 "고맙습니다"라는 말만 세 번 하고 영면했다.

겉으로 보기보다 윤형중 신부는 그 주교관 방에서 외로이 지낸 것이 아니었다. 빈소에서 밤샘을 해야겠다고 한 김 추기경의 한마디에 큰 존경과 사랑이 들어 있었다. "고맙다"라는 최후의 말을 들으며 임종하는 자리에도 김 추기경이 있었다.

이렇게 해서 역사는 끊이지 않고 이어지는 것이다. 이 역사는 문화의 역사다. 그리고 문화는 필경 사회적이고 민족적인 성격을 띤다. 가치의 총화인 문화가 서울 대교구 주교관 마당에 서려 있다.

근래에 종교와 문화의 활발한 소통을 불교 쪽에서 볼 수 있다. 불교의 강원도 교구라 할 수 있는 백담사 입구에 '만해萬海 마을'이 있다. 불교의 승려였던 시인 만해 한용운을 기리기 위해 설립된 집이다.

이 집을 운영하는 만해사상실천선양회가 해마다 '만해문학축전'이라는 행사를 개최한다. 여기에서 문학을 비롯한 몇 개 분야에 걸쳐 상을 준다. 상금의 액수도 크다. 그런데 상을 받는 이들을 보면 개신교의 강원룡 목사, 천주교의 함세웅 신부, 남아공의 전 대통령 만델라, 이렇게 다양하다. 그리고 서울의 대표적 일간신문이 후원사가 되어 이 행사를 1면 또는 2면에 걸쳐 대대적으로 홍보한다.

그러니까 산속에 있는 일개 불교 사찰이 한국 천주교의 거창한 도시 교구보다 종교의 사회참여 면에서 훨씬 더 큰 효과를 거두고 있는 셈이다. "교회가 사회 속으로 들어가야 한다"라는 것이 세계 가톨릭교회의 제2차 바티칸공의회 선언인데 천주교는 계속 '교회를 위한 교회'처럼 담 안에서 지내고 있다.

만해 한용운이 3·1 독립운동 민족 대표의 1인이라고 하지만, 시인 자체로 보면 명동 성당 청년회 총무였고 《가톨릭 청년》 잡지 편집장이었던 정지용 시인이 작품적 업적으로 뒤지지 않으며 매우 풍요하다. 그의 대표작 「고향」과 「향수」야말로 민족 정서의 빼어난 유산이다. 그는 민족의 진솔한 언어를 가장 자랑스럽게 생각했다. 그러면서 또한 감수성에만 치중하지 않고 민족의 역사적 현실에 대한 관심이 당연히 있어야 한다고 했다.

 1945년에 대한민국 상해임시정부의 김구·김규식 등 요인들이 귀국한 후 12월 8일 명동 성당에서 환영식이 개최되었을 때에도 정지용 시인이 자작시 「그대들 돌아오시니」를 앞에 나아가 낭송했다.

 백성과 나라가

 이적夷狄에 팔리우고

 국사國祠에 사신邪神이

 오연히 앉은 지

 죽음보다 어두운

 오호 삼십육 년!

그대들 돌아오시니
피 흘리신 보람 찬란히 돌아오시니!

― 9연 중 1~2연

    이러한 일들이 다 명동 성당 구내에서 이루어졌다. 정지용 시인은 1940년 무렵에 박두진·조지훈·박목월 세 신인을 《문장》을 통해 배출시켰고 이들이 뒤에 한국 문단의 주류가 되었다.

    그가 처음으로 장만해 살던 집 종로구 재동 45번지 4호도 명동 성당 언덕에서 가까운 거리에 있다. 명동 성당 구내 어디에 '정지용 문학 기념관'을 조그맣게라도 마련할 만하지 않을까. 그리하여 《가톨릭 청년》과 《창조》의 기념비가 되고, 또한 명동 성당 구내 어느 공간이 문화사의 터전이 되었으면 하는 꿈을 근래에도 새삼스레 가져본다.

4부

비폭력의 승리

가진 것은 양심뿐

한 시대 한 사회를 앞으로 밀고 나아가는 힘은 언제나 젊은이들에게 있다. 이들에겐 어떤 계략도 구체적인 대안도 없으면서 그러나 참지 못하고 떨쳐 일어서는 힘이 있다. 이것은 한껏 싱싱한 생명의 힘이니 그 무엇으로 억제할 수 있겠는가.

사람이 혼자 마음속으로 생각하는 것도 투시할 수 있는 양 '예비 음모'라는 죄명까지 내세워 비상 군법회의에 넘기는 이른바 긴급조치가 횡행하는 무서운 유신 체제의 시대가 있었다. 그 유신헌법이 선포되고 1년 반쯤이 지났을 때 한국의 대학생들이 전국에서 벌 떼처럼 들고일어났다. 그것이 1974년 4월의 이른바 민청학련 시위다.

군부독재 정권의 능사가 체포와 구금이니 경찰은 삽시간에 1,024명의 학생을 연행해 253명을 비상 군법회의에 넘겼다. 그리고 공판에서 사형 7명, 무기 7명을 비롯해 무거운 형량을 언도했다.

가톨릭교회 쪽에서는 이 민청학련 사건에 김지하 시인과 지학순 주교가 관련되었다.

원주 교구장 지학순 주교는 김수환 추기경과 소신학교와 대신학교에서 동기 동창인 사이다. 평소의 신념도 제2차 바티칸공의회의 지침대로 교회의 사회참여에 적극적이라는 점에서 동지적인 유대를 갖고 있다. 그러므로 1971년 2월에 김수환 추기경이 2·24 대통령 선거에서 가톨릭 신도를 비롯한 국민 유권자들이 양심에 따라 공명정대하게 투표하기를 촉구하는 성명을 발표했을 때, 옆에서 유일하게 적극적으로 찬동을 해주었다. 지 주교는 원주에서 유능한 평신자들을 내세워 사회정의와 사회복지 지향의 사목을 했다.

김지하 시인도 프란치스코라는 세례명으로 영세를 했고, 원주 교구 평신자 사회에서 비중 있는 위상을 지니고 있었다. 김지하 시인은 부모와 함께 주교관 가까운 데에 조그마한 집을 마련해 살면서 서울에도 왕래했다. .

지 주교는 김지하 시인을 교구청에 불러 그가 할 만한 일도 조금씩 시키곤 했다. 지 주교가 김지하 시인과 마주 앉으

백두산 천지에 오른 김 추기경(1997년).

면 김 시인은 서울의 학생운동 사회 소식을 들려주었다. 나라가 군사독재 아래에 있으니 학생운동 사회는 자연히 민주화 운동으로 번지고 있던 참이었다.

민주화가 되어야지, 유신 이후로는 정치라는 것이 통일주체국민회의를 만들어 대의원들을 서울의 장충 체육관에 보내고 그들이 모여 앉아 여당 단일 후보를 대통령으로 뽑으니 이것은 일종의 희극과 같은 일이다. 지학순 주교는 나라의 장래를 위해 학생들의 민주화 운동을 음으로 양으로 돕고 싶어 김지하 시인에게 이따금 많지 않은 돈을 주곤 했다. 이러한 관계가 바로 민청학련의 활동 자금을 지학순 주교가 대고 있다는 혐의를 받게 했다. 그리하여 지 주교도 민청학련 사건의 공범인 셈이 되었다. 어느 때 지학순 주교는 외국에 나갔다가 귀국하는 공항에서 중앙정보부에 연행되었다.

김수환 추기경은 1971년의 성탄 메시지 사건 이후로 한국 민주화 운동권에서도 지도자급에 위치하게 되었다. 가톨릭 교회 안에서 시국에 관련된 문제가 생기면 먼저 나서서 대응하는 역할도 자연히 김 추기경에게 맡겨졌다.

1974년 7월 8일 오후에 김수환 추기경은 청와대를 방문해 박정희 대통령을 만났다. 박정희 대통령이 먼저 말했다.

"추기경님, 종교란 마음의 정화를 위해 존재하는 것 아닙니까? 종교가 정치·경제 문제에 개입하는 것은 고유 영역을 벗어나는 일이고, 정교분리政敎分離 원칙에도 맞지 않습니다."

김수환 추기경은 어려운 문제를 가지고 누구와 대화할 때면 "이해합니다" 또는 "죄송하지만" 하며 정면으로 대립하지 않고 상대를 먼저 편하게 해주면서 이야기를 시작한다.

"대통령께서 종교의 역할을 그렇게 보시는 것은 충분히 이해합니다. 그러나 한번 달리 생각해보십시오. 사람들이 종교나 교회에 가장 기대하는 것이 무엇이겠습니까? 종교나 교회는 사회에서 빛과 소금 역할을 다 해주기를 바라고 있고, 개개인의 마음뿐 아니라 사회 전체의 어둠도 밝혀줌으로써 사회를 도덕과 윤리로 정화시켜주기를 원하고 있습니다. 정치·경제가 윤리·도덕의 범주 밖에 있다고는 말할 수 없지 않습니까?"

이렇게 시작해서 김 추기경의 말은 "사실 교회가 지금 하는 일은 대통령께서 하셔야 할 일입니다" 하고 역으로 덮어씌우는 논법이 되어간다. 그리고 "오늘 이왕에 제 이야기를 너그럽게 들어주셨으니……" 하며 지학순 주교를 풀어달라고 말한다.

김 추기경에 의하면 이날의 대화 자리는 모처럼 진지한 분위기였다고 한다. 김 추기경은 내친김에 민청학련 사건의 학생들에 대해서도 "죽이면 안 됩니다. 관대한 모습을 보여주면 국민의 존경심도 한층 커질 것입니다"라고 했다.

박 대통령은 "그건 좀 생각해봐야 할 문제입니다"라고 말했다.

그날 밤 10시에 김 추기경은 중앙정보부에 가서 지학순 주교와 함께 나왔다. 신부와 수녀들이 철야 기도회를 하고 있는 명동 성당으로 함께 가서 환호를 받고, 감사의 인사도 했다. 며칠 후 다행스럽게 민청학련 사건으로 사형을 언도받은 유인태·이철·이강철도 감형이 되었다.

여기까지는 사태 해결의 방향에서 진전이 있었다. 그러나 원래 누적된 유신체제 정국의 무리수는 문제 해결의 날을 맞을 수가 없었다. 끝끝내 굴하지 않는 양심 세력의 확장에 의한 거센 저항을 모면하기 어려웠던 것이다. 수없이 많은 젊은이와 민주 인사들이 언제까지 억울한 감옥살이를 계속해야 하느냐는 문제가 잇따라 제기되었다. 이러한 저항의 기류는 같은 민청학련 사건 연루자인 지학순 주교의 등을 밀어 내세워졌다. 지 주교가 잘 싸워서 이기면 다른 젊은이들 전부가 풀려날 수 있다는 생각들이 계속 요동치며 일어선 것이다.

결국 지학순 주교는 계속 참아내지 못하고 말했다.

"내가 젊은이들에게 돈을 대서 내란을 선동하고 정부 전복을 기도했다는 게 말이 됩니까? 내가 빨갱이입니까? 죽는 한이 있더라도 양심선언을 해서 진실을 밝혀야 합니다."

그러자 김수환 추기경이 말했다.

"주교님 양심대로 하십시오. 정권 측이야 대응 방법이 있겠지만 우리야 가진 거라곤 양심밖에 없지 않습니까."

1974년 7월 23일, 지학순 주교는 원주 교구 신자들이 동석한 가운데 명동 성모병원 앞에서 폭탄과도 같은 '양심선언'을 터뜨려버렸다.

> 소위 유신헌법이라는 것은 1972년 10월 17일에 민주 헌정을 배신적으로 파괴하고 국민의 의도와는 아무런 관계 없이 폭력과 공갈과 국민투표라는 사기극에 의하여 조작된 것이기 때문에 무효이고 진리에 반대되는 것이다.

초두 제1항이 이러하니 제4항까지 나아가는 전체 내용은 더욱 신랄하다. 외신 기자들까지 불러 이렇게 양심선언을 해놓았으니 지 주교가 감옥으로 직행하는 것은 정해진 일이었다. 그리고 지 주교의 석방 운동을 위해 천주교 정의구현전국사제단이 이해 9월 원주에서 결성되었다.

규모는 크게 얽혔으나 민청학련이 정부를 전복하려 했다는 혐의의 증거가 희박하자 수사기관은 인혁당 재건파가 민청학련을 배후에서 조종했다고 주장했다.

10년 전에도 인혁당은 수사기관이 조작했던 단체인데 민청학련에 적색 반란의 혐의를 씌우려고 인혁당 재건파를 역시 조작해 끌어다 붙인 것이다.

인혁당이 조작이라는 것은 이미 사형을 당한 인혁당원 8명이 2007년 1월 대한민국 대법원에서 '무죄' 판결을 받아 유족들이 국가로부터 수억 원씩의 배상금을 받게 된 사실이 말해준다.

인혁당 관계는 정당하게 공개재판에 붙이라는 요구는 일찍이 김수환 추기경·함석헌 선생·한경직 목사·이태영 변호사 등이 제기한 바 있었다.

그러나 법원 측은 이 요구에 대해 아무런 응답도 하지 않고 있다가 1975년 4월 9일 새벽에 갑자기 사형을 집행해버린다. 민청학련 사건보다도 그 배후라는 인혁당 피해자들의 사형 집행 경위가 1970년대 민주화 운동 과정에서 가장 핵심적이고 참담한 문제다.

세계 사법 사상 유례가 없는 과오로 평판이 난 이 인혁당 문제는 천주교 정의구현사제단이 가장 앞장서 그 조작의 죄과를 파헤쳤다. 인혁당 관련 하재완 피고도 최후진술에서 말했다.

"맨주먹으로 어떻게 정부를 타도 전복할 수 있는가. 현 정부가 그렇게 빈약한가. 정책과 정관도 없는 당은 있을 수도 없으며, 서울 중심가의 다방이나 무교동의 번화한 술집에서 정부 전복을 모의했다는 것은 삼척동자가 들어도 웃을 일이다."

그런데 이들 8명의 인혁당 재건파 피고인들은 4월 8일 오전 10시에 비공개로 사형 확정 판결을 받고, 언도 후 18시간 만인 이튿날 새벽 4시에 형 집행을 당해 세상을 떠났다.

한국의 민주화 운동사와 정치사는 이 인혁당 8명을 무고하게 죽인 사실 한 가지만 가지고도 당시 유신 정권의 책임자 계열 사람들이 사회의 지도적 공인으로 진출하는 데 대해 도덕적 견제를 가해야 할 것이다.

김수환 추기경은 1970년대와 1980년대에 이처럼 무도하고 참담한 온갖 불상사들에 대한 시정 노력에 앞장서 달라는 대중의 요청을 받지 않은 것이 없다. 그리고 양심에 좇아 이 고역을 기피하지 못하고 맡는 것 자체도 주변의 일부 사람들로부터 곡해를 받고 비판의 대상이 된다. 그러므로 그는 태초로부터 마지막 날까지 이 세상에서 어둠의 세력이 떠나지는 않는다고, 세상이 원래 그런 것이라고 말했다.

그러나 은연중 그 서운함과 피로가 불면증을 낳았고, 그러면서도 유머로써 풀었고, 다시 어려운 일들을 맞이해나갔다.

유신 통치 시대에 명동 성당 구내는 민주화의 성지로 보는 것이 사회적 통념처럼 되었다. 이것은 김수환 추기경이 1971년 성탄절 자정미사에서 민주화를 촉구하는 메시지를 발표한 데에 연원한다. 또한 사회에 언론의 자유가 없으니 자유로이 발언을 할 수 있는 집회의 장소도 없었다.

이러한 상황에서 집회의 장소는 명동 성당이었다. 이른바 '시국 기도회'라는 명분을 띠고 자유로운 집회가 열리는 것이 예사였다. 명동 성당이 성역으로 보호받을 수 있다고 하는 것은 교회 안에서도 밖에서도 어떤 법적 근거를 갖는 것은 아니다.

그러나 가톨릭교회의 전통으로는 대개 순교자의 무덤 위

대신학교 동창들과 함께.
왼쪽 끝이 김수환, 오른쪽 끝이 지학순.

에 교회를 지어왔다. 그러므로 교회는 초자연적 영성의 공간으로 신성시되어야 한다는 통념이 있다.

신기한 것은 한국에 30여 년의 군부 통치 기간이 있었는데도 반정부 시위자를 잡기 위해 병력이 성당 구내로 들어온 사례가 없었다는 것이다. 이러한 불문율의 질서는 탁한 공기의 밀실에 한 가닥 산소를 소통시키는 창구와도 같은 것이다.

이러한 여건에 힘입어 1976년 3월 1일에 또 한 차례 비중 있는 시국 기도회가 서울의 명동 대성당에서 개최된다. '3·1 민주 구국 기도회'라는 이름 아래 개신교·천주교·재야 합동으로 여는 기도회였다. 기도회의 내용은 시국에 대응한 민주화 개헌인데, 주최자들의 사회적 비중이 커서 무사히 넘어갈 일이 못 되었다.

기도회가 끝난 다음에 김대중 씨·문익환 목사 그리고 함세웅·문정현·신현봉 등 천주교 신부가 구속되었다. 투옥된 이들에게는 수난이지만 이 기도회로 인해 사회의 민주화 운동은 더욱 활력을 얻었다.

천주교의 신부들이 주최 측의 한 주축이 되어 있어 김수환 추기경은 직접 가담하지 않았다. 그러나 주최자들이 구속된 후 3월 15일에는 같은 명동 성당에서 후속 시국 기도회를 열어 김수환 추기경이 강론을 했다.

> 사회정의 구현을 위한 행동은 곧 복음의 선포입니다. 불우한 형제들에 대한 교회의 관심은 너무나 미흡하고 미온적입니다.
> 그리스도는 백성을 선동했다는 죄인으로 십자가에 처형되었습니다. 지금 구속되어 있는 이들에 대해 우리도 돌을 던질 것입니까. 이번 시련이 지금은 대단히 괴롭지만 주님께서 이 거룩한 사순절을 계기로 저나 여러분, 한국 교회 전체에 주는 쇄신의 은혜가 아닌가 생각합니다.

부분적으로 행동 과정의 과격성은 자제해야 한다고 했지만, 본질적으로 김수환 추기경은 민주 구국 기도회 주최자들을 지지하고 격려했다.

교회의 최고 정점에 있는 지도자가 이처럼 진취적인 마음을 갖기는 힘들다. 문제가 일어나는 것을 귀찮아하고 냉담해지기 쉽다. 신앙인으로서의 기본 자세로 볼 때 그는 보수적이지 않고 명쾌하게 진보적이다. 가톨릭의 사회 교리가 말하는 '인격의 진보'가 바로 이런 모습일 것이다.

그는 기도회에 주최자로 가담하지 못한 대신 재판의 과정을 주시하고, 불의한 권력에 맹종만 하는 법관들에 실망하여 다음으로는 수감자들의 옥바라지 순방에 나선다. 그리스도도 감옥에 갇힌 이들을 찾아보라고 하지 않았는가.

함세웅 신부는 공주 교도소에, 신현봉 신부는 홍성 교도소에, 문정현 신부는 김해 교도소에, 가톨릭 신자 토머스 모어 김대중 씨는 진주 교도소에 있었다.

김 추기경은 이들을 일일이 방문했다. 그리고 김대중 씨로부터는 "교회가 소외된 사람들을 외면한다"라고 문제 제기를 하는 일장 연설을 들었다. 그는 돌아서면서 수감자의 사식 차입비로 돈 백만 원이 든 봉투를 내놓았다. 그러면서 김 추기경은 그들에게 고맙게 생각했다. 옥중 생활의 불편에도 불구하고 그들의 표정이 밝고 당당해서 보기에 좋았던 것이다.

항쟁이 승리한 날

1980년대라고 세월이 달라지는 것은 아니었다. 비탈을 구르던 큰 바위는 1979년 10월 궁정동의 총성 앞에서 멎었으나 그것이 끝이 아니었다. 1980년 '서울의 봄'은 진정한 봄이 아니었다.

이른바 신군부의 12 · 12 쿠데타가 군부 통치 체제를 이어 나갔다. 5월에 들어 전남 광주에서 민주 항쟁이 일어나고, 군부는 무력으로 시민들의 시위를 제압하려 했다.

5월 26일 낮 시간에 김 추기경은 신군부의 지휘자 격인 전두환 소장의 캠프를 찾아갔다. 시위 진압을 위해 군 병력을 투입해서는 안 된다고 말하러 간 것이었다. 그러나 전두환 소장은 계속 걸려 오는 전화만 받다가 김 추기경에게 "죄송합니다. 긴급한 사태가 있습니다" 하고는 어디론가 황급히 뛰쳐나갔다.

이날의 이 닝패스러운 장면에 관해 나는 김수환 추기경으로부터 직접 들었다.

바로 다음 날 광주 민주 항쟁은 신군부의 계엄군에 의해 진압되었다. 살아서 체포된 사람들 중에는 법정에서 사형선고를 받은 이가 세 명이나 있었다. 이들의 가족은 떼를 지어 서울로 와서 김수환 추기경의 집무실에 진을 쳤다. 사형 언도를 받은 이들의 구명 운동에 나서달라는 것이었다. 김 추기경은 광주 대교구장 윤공희 대주교와 함께 청와대로 전두환 대통령을 방문해 광주 항쟁 주도자들의 구명을 요청했다.

사흘이 지난 후에 사형수가 감형되고 석방이 된 이도 있었다. 이들의 가족 10여 명은 김 추기경 집무실 점거를 풀고 명동 성당에서 마련해준 버스에 올랐다. 광주로 돌아가는 이들의 얼굴이 비로소 환하게 빛났다.

다음에는 또 어떤 항쟁이 일어날까. 항쟁이 항쟁으로 이어지고, 쫓기는 이들이 또 명동 성당 구내로 들어올 것이다. 사태가 격화되면 성당 언덕 아래 주교관 마당에까지 경찰의 최루탄이 날아올 것이다.

과연 때는 왔다. 서울대생 박종철 군이 물고문을 받고 죽었고, 연세대생 이한열 군이 머리에 최루탄을 맞아 죽어가고 있었다. 1987년 6월 10일 국민대회 대열이 서울 시내를 뒤덮었다. 그리고 저녁이 되고 밤이 왔으나 "유신 철폐! 독재 타도!"를 외치는 젊은이들의 대열은 흩어지지 않았다. 어둠 속에서 경찰 병력에 밀리는 젊은이들의 뒷걸음질은 누가 시키지도 않았는데 명동 성당 언덕을 향하고 있었다.

명동 성당은 성역인가 진지인가. 성당 구내로 들어온 대학생들이 3백여 명에 이르렀다. 이들은 누가 안내라도 한 것처럼 성당 마당 옆 문화관 강당으로 들어갔다. 이들의 손에는 아직도 화염병과 돌멩이가 들려 있었다. 일부 학생들은 성당 정문께로 내려가 경찰 병력을 막는 표시로 바리케이드를 설치했다. 하나의 전장이었다. 그런데 신기하게도 경찰 병력이 성당 구내로 밀고 들어오지는 않았다.

안기부 차장과 치안 국장이 한밤중에 김수환 추기경을 방문했다. "경찰 병력이 들어와 학생들을 연행해 가겠으니 양해해주십시오" 하는 것이었다.

김 추기경은 명동 성당 김병도 주임신부(현 몬시뇰)와 교구 홍보 국장 함세웅 신부를 불러 동석시킨 가운데 단호하게 말했다. 경찰 병력이 들어와 학생들을 잡아가려면 먼저 나를 밟고 넘어가야 하고, 그 다음에는 신부들을 밟고 넘어가야 하고, 그 다음에는 수녀들을 밟고 넘어가야 할 거라고.

김수환 추기경의 뜻은 이 나라에 정신적 성역이 남아야 하고, 학생들이 해산을 하더라도 자유로이 집으로 돌아가게 보장해주어야 한다는 것이었다. 반독재 주장을 하는 데에 무슨 죄가 있는가. 독재를 하는 사람들이 잘못이지. 이것이 그의 생각이었다.

인간 존엄·자유·정의의 가치관에 입각한 소신이며, 자긍심을 지닌 권위의 표명이다.

학생들은 잡혀갈 때 잡혀가더라도 스스로 투항하지는 않겠다는 의지를 다지며 이미 며칠이 지났는데도 흩어지지 않았다. 일부는 돌을 모으고 일부는 화염병을 만드는 조를 편성했다.

이 광경을 보면서 신부들이 학생들을 타일렀다. 돌과 화염병을 손에서 내려놓아야 한다. 성당 입구의 바리케이드도 치워야 한다. 너희들의 안전은 신부들이 지켜주겠다.

김수환 추기경의 뜻도 마찬가지였다. 추기경의 지도에 따라서 신부들도 이렇게 말하는 것이었다.

성당 구내에서 수녀들은 학생들의 식사를 챙겨주었다. 13일 저녁에는 시위 학생들과 대치하고 있는 전경들을 위해 1천

"경찰이 들어오면 맨 앞에 내가 있을 것이고
그 뒤에 신부들, 그 뒤에 수녀들이,
그리고 그 뒤에 학생들이 있을 것이오."

멍이 먹을 수 있도록 김밥을 만들어주기도 했다. 학생들은 차츰 마음이 누그러들었다. 화염병도 들지 않고 바리케이드도 치웠다.

학생 시위대가 성당 구내에 들어온 지 엿새째 되는 6월 15일에 김수환 추기경은 성당에서 미사를 집전하고 강론을 했다. 김 추기경의 확고한 의지가 경찰 측의 보장을 끌어내 이날 오후 3시에 학생들 전원이 안전하게 집으로 간 후의 미사였다.

학생들이 여기에 들어왔을 때 우리는 그들이 이 자리를 택한 것이 무엇 때문인지 충분히 이해하면서도 오늘날 학생 시위에 대해 초강경책을 쓰고 있는 정부 당국 앞에서 이 학생들을 어떻게 보호하느냐가 큰 고심이었습니다.

거리에서 자신들의 의사를 표시하다가 경찰에 쫓기어 들어온 학생들에게 피난처를 제공하는 이 교회의 성역에 최루탄이 빗발치듯 난사될 때에 저는 우리 민족의 존엄과 긍지가 무너지는 위기마저 느꼈습니다. 선조들의 순교로 이루어진 이 성역이 무너질 때 국민 양심의 보루가 무너지는 것입니다.

처음에는 언론 지면에 보도된 것처럼 농성 학생 전원 구속이 당국의 방침이었습니다. 또한 학생들은 호헌 철폐와 민주화를 위해 이 자리에서 끝까지 투쟁한다는 강경 자세였습니다.

교회는 민주화를 위한 기본 정신에 있어서 학생들을 지지하면서도, 나라의 평화를 위해서 한 사람도 다치지 않게 하려고 최선의 노력을 해야 했습니다.

우리의 이 노력이 성과를 얻어, 오늘 오후 3시경에 학생들은 자진 해산하고 안전하게 귀가할 수 있었습니다.

이번 기회에 우리가 절실하게 느낀 것은 우리나라의 민주화가 오로지 평화적인 노력에 의해야 한다는 것입니다. 이 평화적인 노력은 단순히 비폭력만을 뜻한다기보다 자기희생과 십자가 정신에까지 이르러야 한다는 것입니다. 그동안 사제단 신부들도 기도 속에서 많은 노력을 했습니다.

학생들이 해산할 때 경찰이 연행하지 않기로 보장을 받은 후에도 사제단은 끝까지 확인하는 일을 했다. 학생들이 소속 학교까지 가도록 버스를 대절해 제공하고 그 버스에 신부 몇 명씩이 동승했다. 결과로 학생들의 안전 귀가가 이루어졌다.

1987년 6·10 국민대회는 원래 태평로에 있는 성공회 성딩 구내를 집결지로 삼았었다. 그러나 경찰 병력의 봉쇄와 저지로 국민대회가 제대로 이루어지지 못하고 시내의 가두시위로 산개되다가 하루해가 저물었다. 최종적으로 대학생 1천여 명이 명동 성당으로 오는 과정에 더러는 흩어지고 더러는 연행되고 하면서 3백여 명이 명동 성당 구내에 들어와 행동을 같이했다. 그리고 김수환 추기경의 확고한 보호 의지와 사제단의 진실한 노력에 의해 사태는 평화 속에서 승리를 성취했다.

역사적인 6·10 항쟁이 명동 성당 6일간의 농성 끝에 김수환 추기경과 사제단에 의해 평화적 타결로 끝난 것이 바로 뒤이어 이루어진 6·29 선언을 가능케 했다고 볼 수 있다.

김수환 추기경은 1987년 1월에 이미 〈중앙일보〉 인터뷰를 통해 대통령 직선제의 정당성을 거론하기 시작했다.

6월 25일에는 청와대에서 전두환 대통령을 만나 역시 직선제의 필요성을 제기했다. 이러한 대화의 분위기가 가능했던 것도 6월 15일 명동 성당 학생 농성의 평화적인 해결이 긍정적 영향을 미친 것이라고 볼 수 있다.

6월 29일에 직선제 개헌이 선포되었을 때엔 김수환 추기경이 일본의 카리타스 수녀원 50주년 기념행사에 참석하느

추억을 그리며, 당신을 영원히 잊지 않을 것입니다.

라고 국내에 없었다.

7월 1일에 김포 공항을 통해 귀국하면서 김 추기경은 직선제 개헌의 실현에 대해 기자들의 질문을 받았다.

"정말로 다행한 일입니다."

더 설명을 들을 필요도 없을 만큼 그의 얼굴이 기쁨에 넘쳤다. 통일주체국민회의 대의원들에 의한 체육관 선거로 대통령을 뽑다니, 그처럼 정통성 없는 정권의 나라에서 우리가 어떻게 떳떳한 마음으로 살 수 있겠는가. 역사는 이제 사필귀정으로 정대한 길에 들어섰다. 역사의 이와 같은 발전 과정에 김수환 추기경이 이바지한 사실을 얼마나 많은 사람이 알고 있을까.

그러나 그는 정치가 좋아서 정치적 활동을 한 것이 아니다. 인간 존엄과 자유와 정의를 위해서, 하느님 나라의 건설에 다가가기 위해서 일상에서 생각하고 움직였을 뿐이다.

이제 김수환 스테파노 추기경은 이승의 불면증 같은 것도 모르고 영원한 하늘나라에서 평안할 것이다.

5부

하나의 진리로 가는 다른 길들

말 없는 도올

김수환 추기경이 2001년 4월에 도올 김용옥 박사와 TV 방송에 나와 대담을 한다는 예고가 신문에 실렸다. 나는 혜화동 주교관으로 김 추기경을 방문해 "되도록 도올과의 대담을 하시지 않는 것이 좋겠습니다" 하고 진언했다.

도올은 사회적으로 널리 알려져 있듯이 미국 하버드 대학에서 철학 박사 학위를 받았고 한때 고려대에서 교수 생활을 하다가 스스로 사퇴를 하고 자유로이 사회 활동을 하고 있었다. 그는 자신의 대학 시절 스승과 불교 조계종의 종정인 성철 스님에 대해 거침없이 신랄한 비판을 하기도 했다. 가령 1970년대 그 고난에 찼던 반독재 민주화 운동 시절에 성철 종정이 산사의 선문답 식으로 "산은 산이요, 물은 물이로다" 했는데, 이것을 두고 무책임한 현실도피라고 비판한 것이다.

그러면서 대조적인 예로 가톨릭의 김수환 추기경을 들었다. 김 추기경은 박정희 정권의 독재에 대해 직접적으로 비판하는 시국 성명을 발표했다는 것이었다. 이것이 십자가를 지고 진리를 증거하는 모범이라고 도올은 말했다. 이러한 발언들이 그의 저서에 실려 있다.

그러나 2천 년대에 도올이 TV 방송에 나와 대중을 상대로 하고 있는 교양 강의는 독선적이고 쇼맨십에 흐르고 있다는 비판을 하는 이들도 많았다. 재승박덕형의 인물이라는 것이다. 그러므로 이러한 도올과 대중 앞에서 대담을 한다는 것은 필경 김 추기경의 품위를 손상시킬 우려가 있어 보였다.

그러나 김 추기경은 태평하게 미소를 지으면서 이미 약속이 되어서 대담 출연을 취소할 수가 없다고 말했다. 그러면서 오히려 김 추기경은 내게 부탁을 했다. "막상 서가에서 찾아보니『논어』가 눈에 띄지 않는데 그 책 한 권을 구해다 줄 수 있겠느냐"라는 것이었다. 도올과 나눌 대담의 주제가 공자의『논어』에 관한 것이었다.

원래 김 추기경은 광범하게 독서를 하는 편이고 동양 사상에 대해서도 조예가 깊었다. 독일 뮌스터 대학에 유학하던 시절에는 한국의 가족제도에 대해 논문을 쓰려고 공자의『논

KBS 〈도올의 논어 이야기〉 특별 출연.

어』뿐 아니라 『예기』에 대해서도 연구한 적이 있다. 나는 조그만 문고판 『논어』 한 권 외에 하늘天에 대한 공자의 언급 대목들을 별지에 메모해 가서 김 추기경께 드렸다.

그러고 나서 KBS TV의 대담 날짜를 기다려 시청을 했다. 그것은 기적과도 같이 신기한 대담이었다. 나는 그 대담에 대한 소감을 서울 대교구가 발행하는 〈평화신문〉 시사 진단 칼럼난에 발표했다.

2001년 5월 6일자 그 기고문의 내용을 그대로 옮겨본다.

| 추기경과 도올 |

"성직을 세속처럼 생각하고 세속을 성직처럼 생각하는 것이 좋다."

사베리오 성인의 말씀이다.

지난 4월 27일 밤 10시에 마치 그러한 일이 일어난 것 같았다. 성과 속이 섞이고 승화하는 하나의 사건이 KBS TV 화면에 나타났다.

김수환 추기경이 도올 김용옥의 '논어' 강의 단상에 동참

한 것이다. 추기경의 이 출연이 예고되자 많은 이가 우려를 표명했다. 추기경께 만류의 의견들이 쇄도했다고 한다. 전화로, 이메일로, 또는 편지로 필경 추기경의 품위에 손상이 있을 것을 걱정하는 마음들이었다.

 도올 김용옥이 노자의 『도덕경』 강의에 이어 공자의 『논어』 강의를 하는데 시민 대중의 열광적인 호응이 있는 것과 더불어 신랄한 비판들도 있었다. 각기 동양 사상에 조예가 있는 이들이 도올의 강의에서 해석의 차이를 문제 삼았다. 그러나 무엇보다도 비판의 이유는 도올의 쇼맨십에 있는 것 같았다. 노자는 자기의 마음을 비우라고 했고, 공자는 남들이 자기를 알아주지 않는 데에 마음을 쓰지 않아야 군자라고 했는데, 도올은 자화자찬의 경박한 쇼를 요란하게 펼치고 있다는 것이다.

 도올 김용옥이 한 차례 김수환 추기경을 예방했다고 한다. 자신의 강의 자리에 초청하기 위해서였다.

 도올이 말했다.

 "제가 쇼를 한다고 비난을 받는다는 것을 압니다. 그러나 그렇게 하지 않으면 청중이 졸고 있습니다."

 추기경은 이 쇼 불가피론을 특유의 사랑에 찬 미소로 대했을 것이다. 무엇보다도 추기경의 관심은 오늘의 사태가 지닌 문제점에 있었다. 대중의 일상생활에 가장 밀접하게 관계를 맺고 있는 TV를 틀면 대부분의 프로가 춤추고 노래하는 오락적인 내용으로 되어 있다.

삶의 가치와 인간 존엄에 대해 생각하는 내용도 있어야 하지 않겠는가. 그런데 도올 김용옥은 동양 사상의 소중한 부분인 노자와 공자의 철학을 가지고 대중을 사로잡고 있다. 물질주의로 팽배한 이 사회의 정신 상황에서 이 현상은 주목할 만하다.

출연 자리에서 김수환 추기경은 도올 강의의 이 생산적인 면에 대해 긍정적으로 언급했다. 아울러 추기경은 『논어』 해석의 어떤 부분에 관해 "도올은 '고얀 놈'이라고 꾸짖는 견해도 있다"라고 웃으며 전해주었다.

도올은 "예, 제가 고얀 놈입니다" 하고 변명 없이 다만 추기경께 조아리는 자세를 취했다. 청중은 모두 흐뭇한 표정으로 이 장면을 즐겼다.

TV 화면은 일반인이 예상했던 것과 반대 방향으로 전개되어나간다. 많은 사람이 이날 강의에서 추기경은 어쩔 수 없이 조연의 입장이 될 것이고, 되도록 품위 손상 없이 짧게 끝내고 먼저 퇴장을 하면 다행이겠다고 생각했을 것이다.

그런데 주연이 바로 김수환 추기경이고 그 다변인 도올은 거의 말수가 없이 가끔 장단이나 치는 고수의 역할을 했다.

도올은 초두에서 추기경을 모시는 취지를 밝히며 한국 천주교회사의 성격에 대해 존중하는 언급을 했다. 세계 선교사에 유례가 없는 일로서, 한국 천주교는 조선조 실학 계열 유학자들이 중국에서 간행된 『천주실의』 등 책을 통해 자발적으로 그리스도교 복음을 수입했다고 했다.

김수환 추기경은 공자가 천명天命을 따르고자 했으며, 아끼는 제자 안회가 죽었을 때 "하늘이 나를 버렸다"라고 하며 탄식을 한 것, "나를 아는 이는 바로 하늘이다知我者 其天乎"라고 한 점에 관해 설명해나갔다. 이것은 유교의 천天이 푸른 창공 자체를 가리킨 것이 아니고, 우주의 본원적 주재로서 하느님을 의식한 것이라고 했다.

중간 중간 추기경은 도올을 향해 "내 말이 맞습니까?" 하고 물었고, 도올은 다만 답변을 하기조차 외람되다는 표정으로 찬동을 나타냈다.

시간의 사용에 관해서도 추기경이 "내 이야기가 너무 길죠? 편집을 하겠죠. 커트를 하면 돼요" 하면, 도올은 "자유로

이 말씀하십쇼" 했다.

  과연 분량 사정으로 잘라낸 부분이 있는지 없는지는 모르겠다. 그러나 중간에 강의의 휴식 삼아 30분간 뉴스를 방영하고 시종 두 시간 동안 김수환 추기경이 혼자서 말씀하셨다. 무한한 생명의 신비, 과학자들도 인정하는 우주의 존재자, 하느님의 모습대로 창조되었으므로 존엄한 인간.

  세상에는 이런 일도 있다. 그 불손하다는 도올이 아기처럼 순하기만 했다. 요즘 국민을 실망시키는 정치인들도 이렇게 아기처럼 될 수는 없을지.

유교와 천주교의 만남

김수환 추기경은 도올과의 논어 대담 이전인 2000년 5월 23일 성균관대학 6백주년기념관에서 '심산상心山賞'을 수상했다.

이 상은 심산 김창숙金昌淑 선생의 생애와 업적을 기리기 위해 제정된 상이다. 심산 선생은 독립운동자였으며 해방 후에는 이승만 독재에 저항한 민주 투사였고, 성균관대학의 창설자로서 한국 유림儒林의 상징으로 추앙되고 있다.

심산상이 천주교의 김수환 추기경에게 주어졌다는 것은 유교와 천주교의 역사적 관계를 되돌아보게 하는 의미 깊은 일이다. 유교식 조상 제사 문제를 둘러싸고 천주교는 초기 교회 시대로부터 약 1백 년 동안 1만여 명이 넘는 순교자를 냈다.

이 문제는 가톨릭교회가 1939년에 '공자와 조상에 대한 공경 의식 인정'의 조치로 인해 완전히 해결이 되었다. 그 뒤로는 오히려 정신적 가치의 추구에서 유교와 천주교는 훌륭하게 협력할 과제를 안고 있다. 이 사정에 대해 김수환 추기경은 수상자 답사를 통해 다음과 같이 말했다.

| 심산상 수상 답사 |

민족의 선구자이신 심산 김창숙 선생님의 정신과 사상을 연구하는 심산사상연구회로부터 오늘 심산상을 받는 것은 저 개인에게는 큰 영광이며 아울러 제가 속하는 천주교회에도 대단히 뜻 깊은 일이라 생각합니다.

이번 수상을 계기로 저는 심산 선생님이 얼마나 위대한 민족의 선각자요, 지도자이셨는지 알게 되었습니다. 그분은 민족이 가장 어려웠던 격동의 시기, 고난의 시대를 사시면서 평생을 오로지 나라와 겨레를 위해 몸 바쳐 순국의 길을 가셨습니다. 참혹한 옥고를 치르면서 항일 독립운동을 전개하셨고, 민족 분단을 저지하고 통일 한국을 세우려고 부단히 애쓰셨으며, 독재에 항거하여 과감히 투쟁하셨고, 대학을 세워 민족의 창조적 동량을 키우셨으며, 유교 문화의 중흥에 힘쓰셨습니다. 선생님은 불굴의 항일 독립운동가, 반분단 통일 민족주의자, 반독재 민주 지사, 창조적 교육자, 참다운 유교인이셨습니다.

이렇게 위대한 겨레의 사표인 심산 선생님의 정신을 받들고 기리는 심산상을 받으면서 제가 수상의 자격이 있는지 자성해보지 않을 수 없었습니다. 솔직히 저로서는 그럴 자격이 없다는 생각이 들었고 사양하고 싶은 마음 없지 않았습니다.

그러나 이 수상이 저 개인적으로 자격이 있어서 또는 무슨 훌륭한 일을 했기 때문이 아니라, 앞으로 더욱 심산 선생님을 본받아 여생을 민족과 인류를 위해 불태워 살라는 가르침이요, 격려라고 해석하게 되었습니다. 더욱이 종교적·민족적 차원에서 새로운 시대인 2천 년대의 초두에, 또한 천주교회의 인류 구원의 대회년이라는 역사적 시점에서 볼 때 세계적 대종교인 두 종교 간에 과거의 갈등을 청산하고 화해와 협력을 바탕으로 하여 두 종교의 존재 이유, 곧 민족과 인류, 더 나아가 우주 만물의 생명을 살리는 데 함께 손을 잡고 매진해나가라는 하늘의 크신 뜻이요, 국민적 염원의 표상이라 생각합니다.

이렇게 볼 때 오늘의 수상은 저 개인의 차원을 넘어 종교적·민족적 차원에서 깊은 의미를 갖는 중요한 전환점이 되리라 봅니다. 이렇듯이 뜻 깊은 역사적 자리에서 저는 유교와 천주교와의 관계를 성찰해보고, 앞으로 새천년기에 유교와 그리스도교를 통한 우리 민족에 부여된 사명에 대해 여러분과 함께 생각해보고 싶습니다.

유교는 이 땅에 전래된 지 거의 2천 년이 되어 우리의 심성 안에 깊이 뿌리를 내렸으며 우리의 윤리·사회·정치·교육 등 한국인의 삶 전반에 걸쳐 지대한 영향을 미쳐왔습니다. 유교는 불교와 더불어 한국을 위시한 동북아시아 문화의 사상적·정신적 바탕을 이루어왔습니다. 저는 천주교 성직자지만 한국인이기에 제 몸 안에도 어딘가 유교의 피가 흐르고 있다 해도 과언이 아닙니다.

이러한 동양의 대표적 종교 사상인 유교와 서양의 대표적 종교 사상인 그리스도교가 이 땅에서 만나게 되는 것은 17세기부터입니다. 처음에는 중국을 통해 전래된 한역 서학서를 통해서 학문적으로 이루어져 오다가 18세기 말엽 이벽·권철신·이승훈·정약용 등 일군의 신진 유학자들에 의해 신앙적으로 이루어집니다. 이들 소장 유학자들은 민족 구원 의식과 창조적 주체 의식을 갖고서 유교 사상을 바탕으로 천주교를 받아들였으며, 유교 사상과 천주교를 조화시키려는 이른바 보유론補儒論의 입장을 취했습니다. 이러한 이들의 진취적인 정신과 개방적 자세는 세계 천주교회사에 있어서 유례가 없을 만큼 한국인 스스로에 의해 이 땅에 교회를 세우고 성장케 하는 데 기여했으며, 유교와도 대화와 조화의 장을 열어놓았었습니다.

그러나 천주교회의 제사 금령은 두 종교 간의 관계를 생사를 건 투쟁으로 치닫게 했습니다. 이 제사 금령은 당시 조상 제사를 국교와도 같이 봉행하던 유교적 조선 사회에서 달레(C. Dallet)의 표현대로 "조선 국민의 모든 계층의 눈동자를 찌른 격"이었습니다.

이 천주교의 엄청난 도전에 대해 유교에서는 무분의 사학, 전통 유교의 파괴자로 단죄하고 이 사교를 뿌리 뽑아 버리려는 금압으로 응전했습니다. 이로 인해 천주교 측에서는 약 백 년간 1만 명이 넘는 신자들이 순교했으며, 유교적 조선 왕국은 전적인 쇄국주의 정책으로 서학과 더불어 서양의 발달된 과학 문물까지도 거부함으로써 과학 기술의 낙후를 초래할 뿐 아니라 급기야 19세기 제국주의 외세 침략 앞에 굴복하여 민족의 자주와 자존마저 잃는 수모를 겪게 했습니다.

이러한 과거를 돌이켜 재조명해 볼 때, 조상 제사는 미신이 아니라 부모 사후에도 계속 효를 실행하기 위한 보본 추효報本追孝인 것입니다. 이를 인식한 천주교에서는 금지되었던 조상 제사를 1939년 허용했습니다.

유교에서는 천주교를 무부지고 패륜아라고 비판했으나, 사실 천주교는 어느 종교 못지않게 효를 강조하고 역설하고 있으며 하느님 다음으로 제일 먼저 부모께 대한 효를 강조하고 있습니다.

뿐더러 예수그리스도께서 아버지이신 하느님께 대하여 지닌 근본 사상은 아버지 하느님께 대한 전적인 복종이요, 아버지의 뜻에 죽기까지 순종하는 효입니다. 그리스도는 또한 하느님을 우리 인간 모두의 아버지로 가르치셨고 그렇게 섬기도록 명하셨습니다. 그 때문에 그리스도를 믿는 신자들은 하느님을 아버지라고 일컬으면서 대부·대군이신 하느님께 대한 대효를 무엇보다 중시하고 역설하고 있습니다. 이렇게 볼 때 유교를 '효의 종교'라고 일컫는다면, 그리스도교 역시 효의 종교라고 할 수 있을 것입니다.

다만 실천 방법에 있어서 특성적 차이가 있습니다. '하학이

설악산 대청봉에 오른 김 추기경.

상달下學而上達'을 중시하는 유교에서는 부모에 대한 효를 통해 천天에 대해 대효로 올라가는 상향적 방향이라면, 계시 종교인 그리스도교는 하느님 아버지께 대한 대효를 바탕으로 하여 부모께 대한 효를 하려는 하향적 방향이라 하겠습니다.

전체적으로 볼 때 유교는 인본적·자력적·상향적·현재적 성향이 강한 반면에, 그리스도교는 신본적·타력적·하향적·미래적 성향이 강한 것입니다. 그러나 이 두 특성은 인간의 양면적 성향으로서, 양자택일적이 아니라 상호 보완적이라 하겠습니다. 이렇게 볼 때 양교의 조화적 대화는 각자의 자아 쇄신과 성장을 위해서뿐만 아니라 인류의 정신적·영성적 발전을 위해서도 유익하고 필요하다고 봅니다.

이제 인류는 새로운 천년기, 환태평양 시대, 동서 협력 시대를 맞았습니다. 서양만이 일방적으로 세계를 이끌어 가던 시대는 지났습니다. 동양 사상과 문화가 서양 사상과 문화와 함께 손을 잡고 인류의 영성 가치관을 이끌어 가야 할 동서 시대입니다.

특히 종교 사상 면에서 동양의 유교와 불교, 서양의 그리스도교가 상호 대화와 협력을 하면서 인류의 정신과 영성을 이끌어 가리라 예견됩니다. 그런데 이 세 종교가 뿌리 깊이 내려 있고 활력 있게 신봉되는 나라는 세계에서 유일하게도 한국뿐입니다. 이렇게 볼 때 한국 민족은 '동방의 등불'로서 인류의 정신과 사상을 비춰야 할 중대한 사명과 역할을 부여받고 있습니다.

그러면 '동방의 등불'의 역할을 한다는 것은 구체적으로 무엇을 의미하는 것입니까? 현대 인류가 안고 있는 가장 어둡고 문제 되는 면을 비추고 치유해준다는 의미일 것입니다.

현재 우리나라를 위시하여 인류가 갖고 있는 가장 심각한 근원적 문제점은 현 교황 요한 바오로 2세의 지적대로 '죽음의 문화'입니다. '죽음의 문화'는 온 세상과도 바꿀 수 없는 인간 생명을 심각히 위협하고 있으며 환경오염과 함께 대자연의 생명마저도 해치고 있습니다.

이 '죽음의 문화'를 근본적으로 해결하는 길은 '생명의 문화'를 회복하는 것입니다. 여기에 종교의 역할이 중요하다고 하겠습니다. 유교의 인仁 사상, 불교의 대자대비 사상, 그리스도교의 사랑 정신이 큰 빛을 발휘해야 할 것입니다. 동족 분단의 아픔을 겪고 있는 한국에서 유교, 불교, 그리스도교가 함께 손을 잡고 '죽음의 문화'를 '생명의 문화'로 변화시켜갈 때 한국 민족은 환태평양 시대에 명실상부 '동방의 빛'

으로 인류에게 희망과 위로를 주게 될 것입니다.

특별히 한국은 지리적으로 환태평양 시대의 중심권인 해가 뜨는 동방에 위치해 있습니다. 동방은 생명이 소생하는 생명의 땅, 곧 인방을 의미합니다. 생명의 땅에서 살아온 우리 민족은 예로부터 인과 예를 사랑했으므로 동방예의지국 또는 군자의 나라라는 칭송을 받아왔습니다. 중국 대륙과 일본 사이에 위치하여 타민족의 계속적인 침략을 받아 많은 시련과 괴로움을 겪어왔으나 다른 민족을 고의로 침범해서 괴롭힌 적이 없습니다. 물론 패기와 기상이 부족했다고 부정적으로 평가할 수도 있으나 근본적으로는 평화를 사랑하는 마음, 생명을 살리는 마음에서 기인했다고 생각합니다. 이렇게 볼 때 한국 민족은 세계 어느 민족보다도 하느님의 생생지심 生生之心을 깊게 간직하고 체현해온 민족으로, 앞으로 인류와 우주 만물의 생명을 살리는 데 특별히 봉사할 사명을 부여받았다고 하겠습니다.

새천년기는 미래를 확실히 예견하기 힘든 상황입니다. 그러나 우리 모두 우리의 유교적·불교적 또는 그리스도교적 본연으로 돌아갈 때, 또한 이 종교들이 대화하고 협력할 때 우리의 미래는 분명히 밝으리라 믿습니다.

이렇게 유교와 천주교의 관계를 생각하면 필경 정다산 선생을 거론하게 된다. 다산 선생은 조선조 말에 유학을 집대성한 대학자이면서 동시에 천주교 신자였기 때문이다. 김수환 추기경은 1993년 10월에 다산의 고향 마을인 남양주 마재 마을에서 열린 다산 서학 사상 학술 발표회에도 참석해 연설을 한다. 다산은 유교의 상제上帝를 하느님과 같은 개념으로 생각했다는 점, 강진의 귀양살이에서 돌아온 말년의 생활이 천주교 신앙생활에 충실한 것이었다는 점을 다블뤼 주교의 비망록에 의거해 강조했다. 한 사람의 신앙생활에 대해서는 한 지역에 산 신자들과 교회의 성직자가 가장 잘 알 수 있다.

다산 정약용은 또한 민족 주체 의식을 지닌 지성으로서 구한말 이래 박은식, 신채호 등 민족 사학자들의 정신적 스승이었다는 점에서 상해임시정부 시절과 광복 이후에도 민족 근대 정신사의 뿌리로 추앙받고 있다. 따라서 다산의 역사적·사상적 위상에 대한 김 추기경의 관심은 당연한 것이다.

다산은 공자의 가르침인 유학 사상에 통달한 학자였고 동시에 천주교에 입교한 신자였다. 그러나 다산은 공자 사상의 근본이 잘못되었다고 생각하지는 않았다. 원래 중국의 고대 유학 경전들에 나타나 있던 상제上帝의 개념에 대해서도 다산은 잘못된 것이라고 생각하지 않고, 그리스도교의 창조적 주재자 개념과 같은 것으로 이해했다.

다산의 창조주 개념은 중국에 들어와 있던 가톨릭 선교사 마테오 리치의 『천주실의』에서 영향을 받은 바도 있으나, 중국의 요임금이나 공자의 원래 생각도 상제는 창조적 주재자였다고 했다.

아울러 후기 유학인 성리학에서 태극론과 이기설理氣說로 우주의 근원을 설명하려 하는 것은 틀렸다고 보았다. 땅의 지붕 같은 푸른 창공 자체에는 지각도 영성도 없으니 우주의 존재 근원이 될 수 없고, 창조적 주재자도 될 수 없다고 했다. 따라서 성리학으로써는 온당한 상제의 개념을 내세울 수 없다고 보았다.

이러한 다산이 한때 천주교에 어긋나는 처신을 했다는 말도 듣게 된다. 다산이 한때나마 천주교에 어긋나는 입장에 있었다는 견해는 조상에 대한 제사 문제에서 비롯된다고 볼 수 있다. 조선 천주교 초기에는 교회의 공식 입장으로 조상에 대한 제사를 금지하고 있었던 것이 사실이다.

1742년에 베네딕트 14세 교황이 동양 나라들의 조상 제사를 금지했다. 이것은 성서의 진리에 의거했다기보다 교회 당국의 당대적 견해에 따른 조치였다. 교회의 성직계라 해도 사람들로 형성되는 것이다. 사람들의 차원은 상대적인 것으로서 역사 안에서 오류가 있을 수 있고 시정이 될 수도 있다. 영원히 불변하는 것은 절대적 진리의 차원이다. 그러므로 성베드로좌에서도 묵은 먼지를 털 수 있다고 교회 사학자 이브 콩가르는 말했다.

한국·중국·일본 등 동양 사회에 있는 공자와 조상에 대한 공명 의식 금지 지시를 내린 것은 지역 문화 전통의 의미에 대해 이해가 부족했던 때문이다. 그러므로 1939년에 비오 12세 교황은 공자 공경과 조상 제사 의식을 허용하는 조치를 취했다. 한국과 중국에서 수만 명 신자들의 순교가 이루어진 뒤였다.

순교자들이 영원에 대한 희망을 가지고 현세에서의 수난과 죽음을 피하지 않은 것은 그것대로 비장하고 위대하다고 할 수 있다. 그러나 이 많은 신자가 죽지 않고 복음의 진리에 따라 현세 생활을 발전시켜나갔더라면 "아버지의 뜻이 하늘에서와 같이 땅에서도 이루어지는" 역사가 훨씬 진전될 수도 있지 않았을까, 생각해본다.

천주교에 대한 조선 조정의 박해가 거듭되는데 죄상의 원래 뿌리는 조상 제사 금지이고, 천주교를 수용한 실학파 남인들에 대한 정적인 노론 세력이 계속 고발을 하고 공격을 하는 때문이었다.

이 박해 과정에서 정조 임금은 다산에게 충청도 금정 땅의 찰방이란 직명을 주어 보내며 "살아서 한강을 넘어오기만을 바란다"라고 했다. 이때에 다산에게 주어진 임무는 금정의 천주교 신자들을 설득해 조상에 대한 제사를 지내게 하라는 것이었다. 다산은 그 임무를 성공적으로 수행하고 서울에 돌아왔다. 이때 다산의 처신이 이른바 '배교'에 해당되는데, 다산 자신은 조상 제사 금지에 대해서는 원래 상세히 안 바가 없었다고 했다.

설사 알았다고 해도 다산은 그 조상 제사 금지에는 따르고 싶지 않았을지도 모른다. 제사 축문의 내용 자체가 돌아가신 어버이에 대한 추모의 정인 것이다.

다산의 진심은 18년간의 강진 유배에서 돌아와 스스로 작성한 자신의 묘지명 안에 들어 있다. 하느님上帝을 잘 모셔야 유교 최고의 덕목인 인仁도 비로소 이루어질 수 있고, 장차 경사가 있게 된다고 했다. 구원에 대한 소망과 믿음이 다산에게 있었다고 보인다.

석굴암 앞에서

김수환 추기경이 심산상 수상 답사에서 유교와 천주교에 대해 말할 때에 불교에 대해서도 언급했다. 불교도 우리나라에서 역사가 오랜 종교인데, 유교·불교·그리스도교가 다 활발한 나라는 동양에서도 한국밖에 없다고 했다.

가톨릭교회는 이미 1965년에 발표한 '그리스도교가 아닌 종교들에 대한 선언'에서 말했다.

> 하느님이 그리스도를 보내 세상의 모든 인간과 화해하셨다. 그러므로 그리스도인들은 이 화해를 다른 사람들, 다른 종교들에 대해서도 계속 전해나가야 한다. 다른 종교들이 지니고 있는 선의와 문화적 가치에 대해 사랑으로 대화하고 협조해야 한다.

다른 종교들에 대한 가톨릭의 이 선언은 특히 불교에 대해 언급했다.

불교는 무상無常한 현세의 불완전성을 인식하고, 진지한 마음으로 해탈의 상태에 이르는 길을 가르친다.

그리스도교는 개신교와 가톨릭으로 이루어져 있다. 그런데 개신교 일부 종파들은 불교와 소통하기에 자유롭지 못한 관념을 지니고 있다. 그리스도교가 아닌 종교, 특히 불교와의 관계에 대해 개신교의 강원룡 목사와 가톨릭의 김수환 추기경이 나눈 대화가 있다.

강원룡 목사 한국에서는 다른 종교에서보다 우리 기독교(개신교) 안에 문제가 많다고 생각합니다. 1966년에 한국의 6대 종교 지도자들이 크리스천 아카데미에서 대화 모임을 가져봤습니다. 예상했던 것보다 부드럽게 대화가 됐습니다. 헤어지면서 '종교인협의회'를 만들자는 의견이 채택되어 그 소식이 신문에 보도되었습니다. 그러자 기독교 측에서 굉장한 반발이 일어났습니다. 기독교 측의 주장은 "다른 종교의 사람들을 기독교로 개종시키려고 한다면 이해가 되지만, 그것이 아니라면 이해를 못 하겠다"는 겁니다. 그러니까 기독교 측에선 그 종교인협의회에 가담할 수 없다는 거지요.

그 뒤에 불교 측 대표 한 분이 찾아와서 "좌우간 기독교 측에서 회장이고 무어고 다 하십시오. 우리 불교가 기독교에 다 흡수되어도 좋고, 종교가 인류를 위해 공헌할 수만 있다면 불교 자체는 없어져도 좋소" 하고 저에게 말했어요. 그 순간에 저는 십자가 정신은 저 불교 사람들에게 더 있는 것 같다는 느낌을 가졌습니다.(웃음)

김수환 추기경 가톨릭 신학자로서 '익명의 예수'란 말을 쓴 이가 있습니다. 하느님이 당신 모습대로 만드신 인간은 크리스천만이 아니지 않습니까. 하느님은 우리가 모르는 방법으로 모든 인간 안에 현존하며 무언가 일하고 계신다는 것을 우리가 부인할 수 없을 것 같습니다.

그렇다면 성령이 일하는 것을 우리가 교회라는 테두리 안에만 국한시켜 생각할 수 없는 것입니다. 또 예수님이 하필 유대인이 아닌 사마리아 사람을 들어 칭찬하셨습니다. 앰네스티(국제사면위원회) 같은 단체는 교회 단체는 아니지만 교회가 할 만한 일을 먼저 실천하는 것을 봅니다. 그들 안에서도 하느님이 일하시는 것으로 생각하게 됩니다.

……저는 언젠가 경주 석굴암에 가서 넋을 잃고 불상을 바라본 적이 있습니다. 한 시간 이상을 그렇게 서 있었습니다. 무엇인지에 깊이 빠져들어 가는 것 같았어요. 그러나 세계적인 미술품인 성상들을 로마 바티칸에 가서 보았을 때는 5분 이상 한 작품을 본 적이 없습니다.

결국 저는 내 안에 불교적인 피도 흐르고 있다는 것을 느꼈어요. 우리는 이러한 요소를 거부할 수 없는 겁니다.

그러므로 다른 종교들과 대화를 나누고 거기에서 고유하고 불멸하는 가치를 우리 자신의 것으로 소중하게 여겨야 합니다. 교리 전달에 있어서도 그 요소들을 배척할 것이 아니라 받아들여서 연구 발전시켜야겠다는 생각이 듭니다. 이것은 종교 혼합주의 같은 것이 아니고, 생래적인 자기의 것도 소중히 생각한다는 것입니다.

― 월간 《대화》 1976년 1월호

김수환 추기경은 한국 유교의 본산인 성균관에 가서 심산상을 받기 몇 해 전에 불교의 길상사 개원식에도 참석했다.

서울 성북동에 있는 길상사는 한 독지가로부터 부지를 기부받아 법정 스님이 창건한 청정 도량이다. 길상사 개원식에는 법정 스님 외에 조계종 총무 원장 송월주 스님도 참석했다.

개원식에 초청을 받은 김수환 추기경이 길상사 경내에 들어서자 3천여 신도와 내빈들이 우레와 같은 박수로 환영했다. 불교와 천주교 두 큰 종교계가 훈훈하게 우의를 나누는 모습을 사회의 시민 대중이 흐뭇한 마음으로 지켜보았다. 김수환 추기경의 외투를 받아 들고 있는 법정 스님 앞에서 김 추기경이 축사를 했다.

평소에 존경하는 법정 스님이 회주이신 길상사가 도심의 한가운데 이렇게 새들의 노래와 물소리가 들리는 수려한 경관 속에 자리하게 되어 참으로 기쁩니다.

나라와 겨레가 분단의 아픔을 겪는 외에도 시대가 안팎으로 난국에 처해 있는 오늘 우리의 마음과 영혼은 방풍림 없는 비탈의 인동초처럼 춥고 굶주리고 병들어 있습니다. 그러나 한편으로 생각해보면 우리는 경제적으로 IMF라는 국제 금융 위기를 당하기 이전부터 닥쳐올 고통을 예견했던 것입니다.

우리의 영혼이 돈의 통치를 받아 극도로 쇠약해졌고 물신物

神은 얼마나 기승을 부렸습니까. 영혼이 청정하지 못한 속의 호황이라는 것은 오늘처럼 처참한 몰락을 초래하는 것입니다.

오늘 개원하는 길상사는 이름 그대로 길하고 상서로운 예감을 우리에게 줍니다. 길상사가 맑고 향기 나는 샘으로서 큰 도량이 되기를 기원합니다.

김수환 추기경은 한국에서만 특히 유교·불교·그리스도교가 잘 공존한다고 말하면서, 이 한국적 특성이 동아시아에서 세계를 향해 인간 정신의 빛을 제공할 수 있다고 했다.

이러한 여건 속에서 다시 그리스도교의 한국적 위상에 대해 생각해볼 수 있다. 유교와 불교의 가치를 다 받아들이면서도 한국에서 그리스도교가 지니는 소명과 현실적 여건에 대해 더 생각해본다는 것이다.

동아시아의 한국·중국·일본 중에서 그리스도교 교세가 월등히 왕성한 나라는 한국이다. 중국은 땅이 넓은 나라이지만 오늘날 종교의 자유가 제대로 보장되어 있지 못하다. 로마 바티칸을 중심으로 통일되어 있는 가톨릭교회를 공식으로 인정하지 않고 있다. 일본은 역사적으로 훨씬 앞선 시기에 가톨릭 신앙을 받아들인 나라다. 그러나 일본은 일종의

나라 사랑이 지극한 김 추기경의 독도 방문.

다신교多神教 국가다.

일본인들의 신 가미神는 자연과 조상 범위에서 존중심이 드는 대상 전체에 해당하는 개념이다. 그리하여 역사서에서 보면 『고사기古事記』에 나타나는 신이 8백만이라 하고 『일본서기』에 나타나는 신이 80만이라고 한다. 이러한 역사서들은 8세기의 기록이니 일본의 다신 신앙은 매우 뿌리가 깊다. 이러한 다신 개념 때문에 일본에서는 그리스도교의 하느님 개념이 좀처럼 정착되기가 어렵다고 한다.

이에 대해 한국 민족은 고대의 제천 의식 이래 불교·유교 등이 들어왔어도 우주의 주재자 성격인 '하느님' 의식에 별로 변화를 일으키지 않았다. 그러니 그리스도교의 하느님 개념은 처음부터 한국인에게 생소한 것이 아니었다.

평신자들이 세운 한국 천주교 초창기에 정약종이 지은 책 『주교요지』에 다음과 같은 대목이 있다.

> 무릇, 사람이 하늘을 우러러보며 그 위에 임자가 계신 줄을 앎으로, 병들고 어려운 일을 겪으면 하늘을 우러러 "이 괴로움에서 벗어나게 하소서" 하며 빈다. 번개와 우레를 만나면 자기의 죄를 생각하고 마음이 놀라며 송구하니, 만일 천상에 임자

가 아니 계신다면 어찌 사람마다 마음이 이러하리오.

이것은 한국의 보편적 민간신앙 그대로다.

한국 천주교의 김수환 추기경은 매사에 임해 성서의 창세기에 나오는 말 "하느님이 당신 모습대로 사람을 지으셨다"라는 한마디를 절대적 가치 기준으로 여긴다.

세상 만물 중에 하느님 모습대로 창조된 것은 인간뿐이니, 모든 인간이 하느님의 자녀라는 점 말고서야 인간의 존엄성을 어디서 찾을 수 있는가. 특히 가난하고 힘없는 사람도 인간으로서의 존엄성은 마찬가지이니, 타고난 존엄성이 고루 지켜져야 한다는 것이다.

민간에 친숙한 하느님 개념과 인간 존엄의 보편적 가치에 힘입었음인지 한국의 현대사회는 중국과 일본에 비해 민주주의 역량을 가지고 있다. 중국은 1당 정치의 체제이고 일본도 자민당 1당 집권이 50년 이상 이어졌다.

김수환 추기경이 동아시아의 한국에는 세계에 제공할 만한 정신적 가치의 빛이 있다고 말한 것은 이러한 현실에 의거한 것으로 생각할 수 있다.

6부

✞

역사 바로 보기

정이 부족한 세상

사람은 높은 위치에 있어도 인지상정人之常情으로 일상 속에서 느끼는 것이 보통 사람들과 같은 듯하다.

나는 몇십 년 동안 명절 무렵에 김수환 추기경을 방문했으나 되도록 다른 이들이 몰려오지 않는 날을 택했다. 여러 사람 속에서 의례적으로 하는 인사 자리에는 자연스럽고 순수한 분위기가 없어 마음에 내키지 않았다.

그리하여 내가 방문하는 날짜는 일정하지도 않으며, 비서 수녀에게 미리 시간 사정을 문의하고 날짜를 택했다. 김수환 추기경과 내가 응접실 겸 집무실인 방에서 만나면 주인 자리에 비해 객석 소파가 옆으로 있으니까 ㄱ 자형으로 앉지만 그래도 무릎을 맞대듯 가까이 앉는 셈이다. 서로 특별한 용무도 없으니 이런저런 지내온 이야기를 하다가 자연히 세상 이야기에까지 이르게 된다. 한 날은 김 추기경이 어디에 가서 우연히 겪은 이야기를 스스럼없이 들려주었다.

의정부 근교에 있는 천주교 청소년 수련원에 추기경이 들렀을 때의 일이다. 거기에 대학생 정도 되어 보이는 젊은이들이 단체로 와서 묵으며 무슨 세미나 같은 것을 하는 듯했다.

수련원에 상주하는 수녀가 들려주는 말에 의하면 젊은이들이 기도를 하거나 성가를 부르는 시간도 별로 없고 무언가 열띤 토론만 오래 진행한다고 했다. 그런데 더러 밖으로 나오는 젊은이들도 있는데 김 추기경을 보았으면서도 목례로라도 인사 표시를 하지 않는 것이었다.

이 점에 착안하는 김 추기경의 마음은 어떤 권위주의적 체면에 손상을 입었다는 것이 아니다. 당신 자신은 평소에 20년쯤 연하인 기자를 만나도 '선생님'이라는 지칭을 쓰는 만큼 겸허하므로 위엄 같은 것에는 의식이 없다. 다만 첫째로는 정이 통하지 않는다는 것이고, 다음으로는 그 젊은이 자신의 인간성이라든가 인격이 올바로 되어 있는지에 대해 어느 정도 의문을 갖게 된다는 것이다.

저러한 젊은이들이 과연 이 사회에서 어떠한 일을 할 수 있을까. 예의나 의리도 인간의 인격에 한 요소가 되는 것이고 지식이나 이념도 그 인격에 내재해야 한다. 그런데 대학생들이 설사 어떤 고도한 이념 논쟁에 집중해 많은 시간을 보낸다 하더라도 저렇게 무미건조하고 정이 없는 인간성을 가지고 사회에 나아가 과연 어떠한 일을 할 수 있을까.

김수환 추기경은 자신의 체면 문제는 초탈해서 이야기하는 것이지만, 보통 사람이 여린 마음으로 느끼는 쓸쓸함도 있음을 나는 나대로 생각하게 되었다.

그래도 당신 자신으로서는 어떤 섭섭함을 내색하지 않으면서 가톨릭학생회라든가 중·고등학생들을 대상으로 하는 강연에 나서곤 한다. 이 세상의 미래에 대한 소망 때문이다. 사람들의 잘잘못에 대한 시비의 감정 정도는 훨씬 초월해서 김 추기경은 '화해'의 실천을 위해서도 모범을 보이려 한다.

1970년대와 1980년대 민주화 운동의 격동기에는 김 추기경 자신의 사회참여적 발언과 정의구현사제단 활동에 반대하는 움직임이 교회 안에서도 격렬한 때가 있었다. 주교 회의 안에서도 시국 현실의 문제를 가지고는 의견이 반반으로 갈리는 형세였다. 원로 신부들 중에서는 이른바 '구국사제단'을 결성해 교회의 사회참여를 드러내 놓고 반대하기도 했다. 〈가톨릭신문〉에 전5단 광고를 내면서 자신들의 주장을 게재하기까지 했다.

이러한 때에 김수환 추기경은 한국 가톨릭교회의 최고위 성직자로서 신앙인들의 화해와 일치를 위해 밤잠을 못 자며 고뇌했다. 교회 안에도 다양한 여론은 있을 수 있다. 그러나 동시에 한데로 모이는 일치점은 있어야 한다. 이것이 보편적 진리의 교회이기 때문이다.

이 시절에 '일치'를 위해 고뇌하면서 김수환 추기경은 밤잠을 못 이루어 수면제를 복용해보곤 하다가 부작용으로 인한 고질을 얻었다.

교구장 퇴임 후 어느 날 내가 혜화동 주교관을 방문했는데, 마침 추기경이 링거 주사기를 팔에 꽂고 누워 계신다고 한다. 그래도 뵙고 가라고 비서 수녀가 안내해 침소로 들어가 보니까 창틀 아래 턱에 약병이 수십 병쯤 놓여 있었다. 그의 말년에 가장 부담이 되는 것은 불면증이라고 했다.

그러나 그는 교회의 사회참여 문제에 대해 의견을 달리했던 구국사제단의 대표 격이었던 김창석 신부의 장례미사를 집전하며 고인의 업적을 극진히 칭송했다.

"신부님은 당신의 소원이라고 말씀하신 대로 병석에서가 아니고 사목 활동을 하다가 쓰러지셨습니다. 한국가톨릭나사업연합회 회장을 비롯한 다양한 일에 봉사하셨습니다. 예수님이 '마음이 가난한 사람이 되라' 라고 하신 데 따라 예수님의 향기를 주변에 전하셨습니다."

이렇게 장례미사 강론을 하며 유족과 신자들을 위로했다.

일부 의견을 달리하는 사람들과의 관계에서 그는 인간적으로 어느 정도의 아쉬움을 느꼈지만 정대한 길에서 벗어나 누구와도 불화한 일이 없다. 민주화 운동의 긴 여정 안에서도 그러했다.

교회 안에도 의견의 다양성은 있을 수 있으나 동시에 서로 만나는 일치점이 있어야 한다는 말을 앞에서 했다. 그런데 그렇게 '일치'에 다가오지 않는 견해가 같은 가톨릭교회 안에서 최근에도 나타나는 것을 보게 된다.

인천 교구의 호인수 신부가 한 주요 일간신문에 인터뷰 기사를 내보냈는데 김수환 추기경에 대한 비판이다. 이러한 경우를 공개적으로 재론하는 것이 교회 내의 일치에 손상을 입힐 수도 있어 마음에 거리끼기도 한다. 그러나 견해의 다양성 단계에서만 본다 하더라도 거론된 내용이 사실과 다른 점들에 대해서는 지적을 가해야 할 의무도 느낀다.

이 내용은 거론하는 자체가 민망하고 송구하다. 그러나 신문 지면을 통해 이미 세상에 알려졌으니 그 내용을 다시 살

피며 정리를 해보고자 한다. 그리고 이러한 논의는 다른 의견의 상대적 비교라기보다, 진실 자체를 밝혀나가는 데에 뜻을 두어야 할 것이다.

호인수 신부가 제공한 인터뷰 기사 요지는 다음과 같다.

"김 추기경이 바뀌었다고들 말하는데 저는 그렇게 생각하지 않아요. 사실 김 추기경은 옛날부터 매우 귀족적이었어요. 정치적이기도 하고요. 독재 정권과 싸울 때도 정의구현전국사제단 신부들과 이돈명·유현석 변호사 등 원로 평신도들이 잘 이끌었기에 본래와 다른 모습을 보였던 게 아닌가 싶어요."

김 추기경의 정치적 모습을 보여주는 일화는 적지 않다. 직선제 개헌 투쟁 때 적전 분열을 야기하고 전두환 정권에 유착했던 이민우 전 신민당 총재를 두고 김 추기경은 '참으로 욕심이 없는 사람'이라거나 '이런 사람이 돼야 나라가 편해진다'고 상찬했다. 김영삼 대통령에 대해서는 지극한 애정을, 김대중·노무현 대통령에 대해서는 한없는 비판 정신을 보였다. 최근 두 차례의 대통령 선거 때 이회창 씨를 열심히 지지한 것은 잘 알려진 사실이다.

― 〈한겨레〉 2004년 9월 23일자

위 인용 내용에서 큰따옴표 안의 말은 호인수 신부의 발언이고 그 다음은 기자의 견해다. 그리고 호 신부는 김 추기경이 국가보안법의 필요성을 앞장서서 주장한 것처럼 발언하기도 했다.

이 인터뷰 기사의 내용처럼 사실이 그러한가. 인터뷰에 응한 발설자도 기자도 사실 확인을 너무 결여하고 있다.

김수환 추기경이 옛날부터 귀족적이었나? 김 추기경은 무명 순교자의 손자이고 옹기 장수의 아들이다.

독일 유학 때엔 한국인 광부들과 간호사들의 고된 이국 생활을 뒷바라지해주다가 박사 학위도 포기하고 귀국했다. 그 독일 체재 기간 중에는 김수환 신부의 저고리 어깨에 비듬이 허옇게 앉아 있었다.

귀국해서 〈가톨릭시보〉 사장으로 일할 때엔 월급도 받지 않았고, 교도소의 죄수들을 찾아보고 행려병자 수용소로 장애인들을 방문해 벗이 되어주었다.

마산 교구장으로 있을 때엔 가톨릭노동청년회의 총재 주교직을 겸임해 1967년에 강화도 심도직물이 해고한 노동자들을 복직시켰다. 서울 대교구장이 되고 추기경이 되어서도 가톨릭실업인회 기업인들과 골프를 치러 다닌 적이 없고, 동

일방직 여공들의 복직 운동을 했고 달동네 빈민촌을 찾아다녔다.

옛날부터라니, 언제 김수환 추기경이 귀족적이었나? 서울 대교구장을 퇴임하고 은퇴하는 그날까지 김 추기경이 자신의 생애에서 가장 그리워한 시절은 가난한 시골 안동 본당의 주임신부 시절이었다. 가난하지만 정이 깊은 그 시골 본당 사람들과 일생 1년에 한두 번이라도 만나보며 가장 다정하게 생각했다.

김수환 추기경이 정치적이었는가? 정치의 개념이 무엇인가. 가톨릭교회의 사회 교리에 의하면 "정치에 참여하는 것은 모든 사람의 정당한 소망이며, 정치의 기능은 시민적 책임의 분담"이다. 특히 제2차 바티칸공의회는 "교회가 사회의 한복판에 참여해야 한다"라고 했다.

그러나 그리스도 신앙인은 정치가 절대적 가치라고 보지는 않는다. 정치권력(공권력)은 하느님으로부터 오며 하느님에게로 되돌려져야 한다. 투표를 하는 인간 각자가 하느님의 자녀이기 때문이다. 정치는 도덕적인 힘에 의해 인간과 사회의 자기 완성, 하느님 나라의 완성을 향해 발전해나가야 한다.

이러한 것이 정치이니 정치는 필요하고 소중한 기능이다.

노기남 대주교 · 윤공희 주교와 함께.

호인수 신부가 김 추기경을 가리켜 '정치적'이라고 한 것은 세속의 나쁜 의미로 말하는 정치였을 것이다. 말하자면 세속적으로 술수를 쓴다는 말인 것 같다. 그러나 김 추기경은 위에 든 사회 교리가 동기가 되어 사회참여를 한 것이고, 특히 군사독재 30여 년의 정치 상황이 부당하므로 1970년대와 80년대에 걸치는 20여 년을 민주 회복 운동에 헌신해온 것이다. 그 외에 무슨 정치적 거취가 있었는가. 그에게는 정치적 권력도 지위도 정당도 필요 없고 오직 인간 존엄과 인간의 기본권인 자유를 실현하는 것 외에 아무런 이해타산적 처세의 필요가 없었다. 없는 일을 사실과 다르게 말하는 것은 거짓이 된다.

천주교 정의구현전국사제단 신부들과 평신도 원로 변호사들이 잘 이끌고 앞으로 나아갔으므로 김수환 추기경이 원래 뜻이 없었던 반독재 투쟁 방향으로 태도를 바꾸어 따라간 것 같다는 말은 어떻게 상상을 할 수 있는가. 이것은 역사적 형세의 진전 순서를 정반대로 뒤집어서 하는 말이다.

김 추기경은 1967년 가톨릭노동청년회 총재 주교로서 심도직물 해고자들의 복직 운동을 했다. 또 서울 대교구장으로서 1971년 2월의 공명선거 촉구 성명, 이해 12월의 성탄 메시지를 통한 국가보위법 반대 성명을 낸 것이 한국 민주 회복 운동의 기폭제가 된 것을 모르는가.

그 뒤 1974년에 원주 교구 지학순 주교가 유신 반대 양심 선언을 하고 투옥되자 지 주교의 석방 운동을 시작으로 사제단이 결성되었다. 평신도 변호사들도 김 추기경보다 먼저 민주화 운동을 한 것이 아니다.

1979년 4월에 이르러서도 원로 변호사 2인 중 1인이 서울 돈암동 상지회관에서 개최된 정의평화위원회 간담회에 참석한 일이 있다. 그 자리에는 김 추기경과 윤공희 정의평화위원회 총재 주교도 동석했다. 간담회 주제는 정치인 김대중 씨의 불법 가택 연금 상태에 대한 조사를 하자는 것이었다. 당시에 김대중 씨가 자신의 연금 해제를 위해 협조해달라는 부탁을 김 추기경과 정평위에 전해 왔다. 정평위는 수임료를 담당하기로 하고 변호사에 의뢰해 그 연금 상태를 조사하고자 했다. 그날의 간담회에는 변호사들도 참석해 있었다.

그런데 이 조사 활동 의뢰에 대해 가톨릭 신자 변호사는 맡지 않으려 해서 비신자인 이택돈 씨가 그 역할을 맡게 되었다.

나는 정평위 홍보 이사 자격으로 그 간담회에 동석해 있었다. 이것은 하나의 우연한 사례이지만, 평신도 원로 변호사가 김 추기경보다 민주 회복 운동에 앞서 나아갔다는 말은 맞지 않는다는 정황의 증거가 된다.

이렇게 사실과 다른 내용의 인터뷰 기사를 보고 나는 《참 소중한 당신》이란 가톨릭 잡지에 이 인터뷰 기사 내용이 사실과 다르게 되어 있다고 짤막한 글을 썼다. 그리고 나는 혜화동 주교관으로 김수환 추기경을 방문했다. 나는 신문의 인터뷰 기사가 김 추기경을 비판한 점을 거론하며, 역사적 사실의 진전 순서마저 거꾸로 말할 수는 없지 않느냐고 했다. 그런데 김 추기경은 세상이 원래 그런 것 아니냐며 담담한 표정으로 미소까지 머금었다.

나는 이 의외의 반응에 한편으로 놀라면서 한편으로 다행한 일이라고 생각했다. 만약 김 추기경이 그 신문의 인터뷰 기사에서 수모를 느끼고 상심을 하면 그만큼 건강에 해로울 것이기 때문이었다.

"세상이 원래 그렇다?"

돌아오며 나는 느닷없이 성서의 한 대목을 생각했다. 참는 수밖에 없다는 내용의 말씀이다.

"세상은 무법천지가 되어 사람들의 마음속에서 따뜻한 사랑을 찾아볼 수 없게 될 것이다. 그러나 끝까지 참는 사람은 구원을 받을 것이다."(마태오 24 : 12~13)

성서는 행복의 사관이 아니라 수난의 사관이다. 태초부터 마지막 날까지 어둠을 동반하며 밝음을 향해 나아가게 되어 있는 것이다.

김수환 추기경도 언젠가 교회 안의 불일치 문제로 불면증에 걸리면서 불교에서 인생을 고해苦海라고 하는 말이 맞는 것 같다고 했다. 이렇게 그는 이미 다 알고 있으므로 섭섭해 하지 않는 것 같다.

그래도 밝음을 찾아가기 위해서는 이 세속의 삶에서 진실을 밝히는 번거로움을 피하기만 해서도 안 될 것 같다.

사실은 사실대로

신군부의 전두환 정권에 친화적인 것 같은 이민우 신민당 총재를 김수환 추기경이 칭찬했다는 것은 무슨 말인가. 신민당의 이민우 총재가 인사차 김 추기경을 방문했는데 이민우 씨는 충북 청주가 고향이다. 그러니까 김 추기경은 조부의 고향이 충남 논산이라는 것을 떠올려 같은 충청도 고향 분이라고 농담을 했다. 이민우 씨는 정치계의 원로였지만 당시 서울 삼양동에서 양계장을 하고 있는 소박한 호인이었다.

그는 신군부 세력과 친분을 맺어 어떤 정계 개편을 한다든가 수완을 부릴 인물도 아니었다. 이러한 이가 인사를 오니까 의례적으로 웃으며 덕담을 한마디 한 것을 가지고 김 추기경이 정치적이라고 말할 수 있는가. 김 추기경은 1980년의 5월 광주 항쟁 때 차라리 광주에 가서 시민군과 함께 피를 흘리며 싸웠더라면 이처럼 마음이 고통스럽지는 않을 것이라고 말한 적이 있다. 이러한 김 추기경이 신군부에 친분이 있는 것 같아 이민우 총재를 환대했다고 보는 것은 맞지 않는 말이다.

김영삼 씨가 민자당 후보로 대통령에 당선되어 인사차 방문했을 때 김 추기경은 축하 인사를 건네며, 그러나 본인은 다른 후보를 찍었다고 솔직하게 말했다. 이때의 다른 후보는 누구인가. 민주당의 김대중 후보였다. 낙선한 김대중 후보는 정계 은퇴를 선언했다.

그런데 김 추기경이 김영삼 대통령을 적극 칭찬했다는 것은 무슨 말인가. 원래 김영삼 씨는 호랑이를 잡으러 호랑이 굴로 들어간다고 노태우·김종필과 합작해 민자당 대통령 후보가 되고 마침내 당선이 되었다. 과도적 야합 정권이지만 비로소 문민화文民化가 이루어진 것은 사실이다.

김영삼 대통령은 초기에 신군부 출신 전두환·노태우 전 대통령들의 비리를 추궁해 투옥시켰다. 의욕적으로 청렴한 경제를 선언하고 금융실명제를 실시해 국민의 지지도가 80%에 이르기도 했다. 어차피 이렇게 된 바에는 이 김영삼의 문민정부 시책을 국민이 밀어주어야 한다는 취지를 김 추기경이 공개적으로 드러냈기로서니 이것이 무슨 잘못된 일인가.

그러나 김영삼 정부는 김 추기경을 배반하고 만다. 1995년 6월에 경찰 병력을 명동 성당 구내에 투입한 것이다. 이것은 박정희 시대와 신군부 시대에도 없던 일이다. 경찰 병력은 명동 성당 구내에 들어와 농성을 하고 있던 한국통신 노조 간부들을 연행해 갔다.

이유야 어떠하든 군사독재 정권들도 명동 성당이라는 성역을 감히 침입하지 못했고, 1987년 6월 항쟁 때에 수백 명 대학생이 명동 성당에 들어와 마지막 보루로 삼고 대치하는 데도 경찰 병력이 침입하지 못했다. 그런데 김영삼 정권은 민주화 진영의 동지로서 자기네 정권을 창출시킨 모태인 명동 성당을 무력으로 짓밟고 들어왔다.

사제단 신부들과 신자들이 김영삼 정권의 배신을 규탄하며 대통령의 사과를 강력히 요구하는 항의 집회를 계속했다. 정부는 국무총리로 하여금 사과를 하게 한 것으로 끝내려 했다. 이때 신부들과 신자들은 대통령의 직접 사과 요구를 끝끝내 고집했는데, 김수환 추기경이 나서서 말렸다.

"교회의 사제들에게는 가장 중요한 사목의 본분이 있다. 국무총리의 사과를 받아들이고 항의 집회를 끝내자"라고 해

설득이 되었다.

이러한 때 김 추기경의 자세를 보더라도 그는 성직자이지 정치인이 아니다. 그런데 그를 두고 '정치적'이라고 말하는 것은 맞지 않는 말이다.

결국 김영삼 대통령은 혼자 청와대에서 칼국수를 먹는다고 청렴을 과시했으나 아들이 한보철강에 개입해 기하급수적인 큰 부도를 내고 이것이 IMF 금융 대란으로 이어졌다.

정치인들은 한때 민주화 투쟁의 영웅처럼 보이다가도 자신과 측근의 도덕성을 유지하지 못하고 인생적 실패라는 추한 모습을 보여준다. 이것도 어두운 역사의 생래적 연장인가.

김대중과 노무현에 대해서는 김수환 추기경이 한없는 비판을 가했다고 신문이 썼다. 과연 그러한가. 김수환 추기경이 모든 사람을 다 좋게만 본 것은 아니다. 또 민주화 운동을 함께했다고 더 너그럽게만 본 것도 아니다. 인간성 자체로서 믿다기보다 어떤 결함이 있어 보이면 그 점에 대해 측근과 허심탄회하게 이야기한 것도 사실이다.

나는 김대중 씨에 대해서 김 추기경이 인간성의 면을 이야기하는 것을 단둘만 있는 자리에서 들은 적이 몇 번 있었다.

정의구현사제단이 명동 성당 뒤 수녀원에서 김대중 씨를

초청해 이야기를 듣는 자리를 마련한 적이 있는데 그 신부들의 자리에 다녀가면서 김대중 씨는 그냥 지나치기가 마음에 걸렸던지 김 추기경을 방문했다.

일과가 끝난 뒤여서 추기경이 숙소에서 맞이했다. 김대중 씨는 방에 들어오지도 않고 숙소 앞 문가에 서서 마지못해 들른 것처럼 몇 마디 이야기를 했다. 그 이야기 중의 한마디에는 "정치에 관해서는 제가 (추기경보다) 잘 압니다" 하는 뉘앙스가 담겨 있었다고 한다.

1987년 대선을 앞두고 문민정부의 수립을 앞당기기 위해 김 추기경이 김대중 씨에게 이번 선거는 김영삼 씨에게 양보하는 게 어떻겠느냐고 조언한 적이 있던 터였다.

결국 김대중 씨는 김영삼 씨와 타협이 잘 되지 않아 신군부 쪽 노태우 후보를 상대로 적전 분열 형상의 출마를 한다.

출마를 하더라도 순서를 정해 김대중 씨는 김영삼 씨 다음 차례에 출마를 했으면 하는 것이 김 추기경의 속마음이었다.

그 무렵 미8군의 위컴 사령관을 김 추기경이 만난 일이 있다. 위컴은 말하기를 한국군 내부에서 김대중 씨의 사상과 행적을 조사한 비밀문서가 있는데 김대중 씨는 제거해야 할 대상이라고 되어 있다는 것이다. 김 추기경은 펄쩍 뛰면서 김대중 씨는 절대로 공산주의자가 아니며, 그를 속박하는 것은 오히려 한국의 정치 상황에 불행을 초래할 수 있다고 했다. 또 한국의 평화와 안정을 위해서 당신이 한국에 와 있는 것이니 한국 군부의 생각을 시정하는 쪽으로 노력해달라고 김 추기경은 덧붙여 말했다.

김수환 추기경은 김대중 씨가 절대로 공산주의자가 아니라는 것을 강조하는 외에 한 가지 더 생각하는 것이 있었다. 그것은 김대중 씨가 1976년에 명동 성당 3·1 기도회 사건으로 투옥되어 있을 때 진주 교도소로 면회를 간 김 추기경에게 한 말이다.

"하느님은 교회가 진실로 가난한 자, 버림받은 자, 소외된 사람들의 벗이 되기를 원합니다. 그런데 오늘의 교회는 그들이 교회에 오는 것조차 귀찮게 생각하고 있습니다. 한국의 가난한 밑바닥 인생은 어디로 가야 합니까……."

가톨릭 신자 토머스 모어 김대중 씨의 말투는 일장 훈시 같은 연설조라 상대방은 듣고만 있을 수밖에 없는 분위기가 되어버린다. 그래서 듣는 이로 하여금 때로는 정서적으로 약간의 불편을 느끼게 하기도 하지만 그 말의 내용이나 논리는 지당하고 탁월하다. 김대중 씨가 김수환 추기경에게 한 말은 교회의 사회참여 이유이며, 김 추기경으로서도 늘 고뇌하는 문제다. 그러므로 김 추기경은 정대한 정신의 면에서 늘 김대중 씨에게 동지감 같은 것을 느낀다.

김 추기경의 고향인 경북 대구 지역의 여론이 "왜 김수환 추기경은 호남을 토대로 삼는 야당의 김대중을 편드느냐"라고 불평을 한다. 이로 인해 김 추기경은 인간적으로 외롭고 섭섭하다. 그러나 김 추기경은 무조건 야당이기 때문에 편들거나 지지하는 것이 아니다. 그들의 주장이 한국의 민주주의 발전에 맞고 가치관에 있어서 옳기 때문에 지지하는 것이다.

그러나 1987년의 6·29 대통령 직선제 개헌이 이루어진 단계에서는 야권의 김영삼·김대중 두 사람 중 누가 먼저 대통령 후보로 나서야 할 것인가. 군부 통치 계열인 민정당의 노태우 후보를 상대로 민주화 투쟁 계열인 야권에서 두 김씨가 다 출마하는 것은 적전 분열로서 민주주의 발전에 반역하는 행위가 된다.

김 추기경의 견해는 김대중 씨가 양보해서 다음 차례를 기다리는 것이 바람직하다는 것이었다. 미8군의 위컴 사령관이 귀띔을 해주지 않았더라도 한국 군부가 김대중 씨를 꺼리는 정서가 있다는 것은 대개 아는 일이었다. 그렇다면 비교적 부담이 적은 김영삼 씨가 먼저 입후보를 하는 것이 순리였다.

두 김씨는 이 문제를 놓고 서로 논의를 하며, 국민을 실망시키는 일이 없도록 단일 후보를 내겠다고 공언했다. 그러나 이 장담은 서로가 상대의 양보를 내심으로 전제하고 한 말이었다. 결국 타협은 이루어지지 않았고 두 김씨가 다 출마하게 되었다. 그 결과 당연한 사실로써 민정당의 노태우 후보가 당선되어 군부가 5년을 더 집권하게 되었다.

1988년 2월 25일 노태우 제6공화국 대통령의 취임식이 거행되었다. 이날 김수환 추기경은 한 신문과의 인터뷰에서 크게 실망한 심정을 밝혔다.

> 지난 대통령 선거에서 김영삼·김대중 양인은 '대의大義를 위해 뭉칠 줄 모르는 어리석음'으로 역사에 큰 죄를 지었습니다. 국민에게 돌이킬 수 없는 좌절감을 주었으며 '뭉칠 줄 모르는 사람들'이라고 손가락질하던 다른 나라 사람들 앞에 우리를 부끄럽게 만들었습니다. 그 시점에서 민주화와 정권 교체 이상의 대의가 있을 수 있겠습니까. 민의의 63%가 37% 앞에 패배하는 어처구니없는 불행을 두 김씨가 초래했습니다.
>
> — 언론인 장명수 씨와의 인터뷰 중에서

한국에서는 국민의 힘으로 혁명을 일으키고 항쟁을 일으켜 민주주의의 정착이 가능한 터전이 마련되면 막상 민주 진영 내부에서 분열이 일어나 역사를 다시 후퇴시키는 불행이 되풀이된다.

4·19 민주혁명으로 수립된 제2공화국 정권도 집권 여당인 민주당 안에서 신·구파 싸움이 악화되어 5·16 군사 쿠데타를 막지 못했다. 장면 총리의 내각제 정부에서 국군통수권을 가지고 있는 윤보선 대통령이 구파의 대표 격으로 "올 것이 왔다"라고 말해 제1 야전군과 미군이 쿠데타군 견제에 나서지 못하게 하는 명분이 되었다.

1987년의 6·29 직선제는 어떻게 쟁취되었는가. 수많은 학생과 시민이 투옥되고 목숨을 잃으며 피로써 되찾은 직선제 개헌인데, 누가 이 정대한 역사의 추진에 거역할 수 있는가. 두 김씨는 자신들의 분열과 패배에 대해 국민 앞에 사과했다고 말하지만 그것은 한마디 말로써 지워지고 넘어갈 문제가 아니었다.

이 분열의 원죄는 결국 차기 대선에서 김영삼 씨가 군부 통치 계열의 노태우·김종필 등과 야합 정당 민자당을 만들게 하고, 그 당의 대표로 출마하게 한다.

순교자 현양탑 제막식에서.

1992년 말에 김영삼 대통령 당선자가 김수환 추기경을 방문했다. 이때 김 추기경이 말했다.

"당선을 축하합니다. 좀 섭섭하게 들리겠지만 저는 다른 후보를 찍었습니다. 그러나 기쁜 마음은 다를 바 없습니다."

이때 '기쁜 마음'이라고 한 것은 무슨 뜻인가. 야합의 편법을 거쳤지만 호랑이 굴에 들어가 호랑이를 잡아가지고 나온 '문민화文民化'라는 결과에 대해서는 긍정을 한다는 것이다. 앞서 밝혔듯이 당시 김 추기경이 선택한 다른 후보는 민주당의 김대중 후보였다.

사적으로는 김대중 씨가 약속을 어기고, 일방적으로 장황하게 연설 투로 말을 하고, 대의를 위해 순서를 양보하지도 않는 데 대해 호감을 보낼 수 없는 면도 있었다. 그러나 한국의 민주주의를 위해 정대한 길을 생각하면, 부당하게 홀대를 당한 호남과 가장 고생을 많이 했고 미래지향적 전망의 논리를 선명하게 구사하는 김대중 씨를 김 추기경은 지지하지 않을 수 없었다.

민주화 운동 20여 년의 과정에서 가장 고통스러웠던 일이 1980년의 광주 항쟁이었다고 김 추기경은 말한다. 광주 항쟁은 신군부가 조작한 지칭으로는 '김대중 내란 음모 사건'이다. 1980년대에 민주화 운동 일선에 섰던 사람치고 이 김대중 내란 음모 사건에 연루되지 않은 사람이 거의 없었다. 이 점만 보더라도 김대중 씨는 한국 민주화 운동의 상징적 인물이었다. 그리하여 김 추기경은 대의명분으로 보아 김대중 씨를 찍은 것이다.

그런데 이 사실을 많은 사람이 잘 모르며, 김수환 추기경은 한없이 김영삼 씨를 지지했고 한없이 김대중 씨를 비판했다고 사실과 다른 말을 한다.

심지어 언론계의 한 유능한 기자조차도 김수환 추기경이 "나는 당신을 찍지 않았다"라고 말한 것은 김대중 대통령이 당선되었을 때 그에게 한 말이 아니냐고 한다. 이 말은 1997년 대선 때 김 추기경이 신한국당의 이회창 후보를 지지했다는 것이다. 한국 현대 정치사에서 정당의 이름들이 너무 자주 바뀌어 혼란스러운데, 신한국당은 민자당의 후신이고 한나라당의 전신으로서 길게는 군부 통치 계열에 속하는 당이다.

대의명분상 김 추기경은 그러한 당을 지지하지 않았다. 1997년 대선 직전에 김 추기경이 마치 이회창 후보에 대해 지지를 표명한 것처럼 신문 지상에 보도된 일이 있었다. 몇몇 신문이 그러한 추측 보도를 한 데에 배경이 된 한 행사가 있었다. 그것은 가톨릭대학교 후원회 자리였다.

김수환 추기경은 서울 대교구장으로서 가톨릭대학교의 재단 이사장이었고 가톨릭 신자인 이회창 씨가 후원 회장이었다. 후원회 날에 양인은 자연히 만나게 되었고, 그 무렵에 이회창 씨는 대선 후보로서 선거에 골몰해 있는 형편이었다. 그리하여 김 추기경은 의례적인 인사로 "수고가 많으십니다. 하시는 일이 잘되시기 바랍니다"라고 했다.

이것을 신문사 취향에 따라 거두절미하고 지지 표현인 것처럼 과장해 보도했다. 시민들로부터 김 추기경님이 이회창 후보를 지지하신다는 것이 사실이냐는 문의 전화가 빗발쳤다. 김 추기경 비서실 수녀는 그날 후원회 장소에서 김 추기경님이 하신 말씀은 그런 뜻이 아니었다고 해명하는 고역을 치렀다. 이것은 마치 지난 시기에 신민당의 이민우 총재가 방문했을 때 김 추기경이 건넨 인사치레와 꼭 같은 양상이다.

천주교 서울 대교구장이라는 신분이 어느 특정 정치인에 대해 '지극한 애정', '한없는 비판', '열심 지지'를 표명할 수 있는 것이 아니다.

또 노무현 대통령에 대해서도 김수환 추기경이 역시 비판 의식을 보냈다고 문제의 인터뷰 기사에 나와 있다. 이 경우도 마찬가지로 김 추기경에게 관련지을 내용이 아니다. 2002년 노무현 정권의 탄생은 한국 국민 모두에게 돌출적인 일이었고 따라서 신선한 충격과 기대를 지니게 했다.

그러나 노무현 대통령 자신이 원래 정치인으로 오랜 세월의 경륜을 쌓지 못했던 때문인지 시간이 흐름에 따라 불안정한 정치적 국면들이 계속 발생했다. 결정적인 문제는 노무현 대통령이 집권 여당인 민주당을 균형 있는 전국 정당으로 만들어야 한다는 주장을 편 데서부터 시작되었다.

당명을 우리당으로 고치고 일종의 정계 개편을 추진하는 듯 대내적 갈등이 일어났다. 이른바 '탈호남'의 이상을 추구하는 것이었다. 그러나 실제에 있어 우리당은 국회의원 총선을 통해 영남권 의석을 창출하지 못했다. 경남 지역에서 겨우 한두 석을 차지하는 데서 그쳤다.

상황이 이렇게 된 이유를 번잡하게 상론할 수는 없다. 다만 민주주의 국가에서는 모든 가치 기준과 형세가 '민의'에서 나오는 법이므로 투표에서 표수를 많이 얻지 못하면 할 말이 없다. 소수의 표를 얻은 쪽은 부덕의 소치로 자책할 수밖에 없다. 노무현 정부의 임기가 끝나면서 치른 차기 대선에서 민주당 후보는 20% 선의 지지를 얻고 한나라당 후보가

50% 선을 넘게 표를 얻어 당선했다.

이것으로써 한국 민주주의의 전진과 후퇴 문제는 본질 면에서 논평하기가 어렵게 되었다. 역사를 거슬러 올라가면 새로이 집권당이 된 한나라당은 5·16에서 시작되는 군부 통치의 후계 세력이다. 그러면 한국의 민주주의 발전사가 왜 이러한 국면에 놓이게 되었는가. 지난 시대의 민주화 추진 세력 쪽에서 자성할 필요가 있다.

민주화 세력은 이른바 '진보 세력'으로 불리기도 했다. 그러면 '진보'의 개념이 진정으로 무엇을 뜻하는가. 그것은 이념의 편향적 고정관념이 아니다. 경제적 물량의 증대도 아니다.

이 세상에서 인간이 행사하는 '권력'은 창조주가 인간에게 '사명'으로 준 것이다. 그 본질적 의미는 기술에 대한 도덕성, 사물에 대한 인격, 물질에 대한 정신의 우월성에 있는 것이다. '진보'의 과정은 이러한 우월성을 추구하는 것이다. 중요한 것은 사용할 도구의 발달이기보다 인격에 있어서의 '진보'다.(『인간의 구원자』 16)

호인수 신부는 인터뷰 기사에서 "김수환 추기경이 국가보안법의 필요성을 앞장서 주장했다"라고 했다. 거두절미하고라도 어디에 그처럼 '앞장서' 주장한 근거가 있는가. 국가보안법의 존폐 문제로 질문을 받은 경우, 보안법의 폐지만이 문제의 해결이 아니라는 견해는 밝힌 적이 있을 것이다. 이 뜻은 대안 없는 '선통일' 주의의 피상적 한계를 지적하는 것이다.

김수환 추기경은 국가 권력 기관이 학생들의 좌경 문제를 거론할 때마다 "우리 사회에서 부정부패와 독재가 없어지고 민주화가 되면 나머지는 아무 문제 될 것이 없다"라고 했다. 학생들의 의식 성향은 순수하게 나라와 겨레를 사랑하는 데서 나온 것일 거라고 했다.

김수환 추기경이 앞장서 막아주고 옹호한 사람들은 으레 국가보안법 위반 혐의를 받는 이들이었다. 이러한 보안법 위반 혐의의 대부분은 정권이 조작한 것이다. 이념과 체제를 넘어 신뢰 속에서 실천만 한다면 법적인 문제는 아무것도 아닌 것이다. 실질적인 것은 신뢰와 실천이다.

오늘 우리 모두는 한반도에서 냉전의 시대가 하루빨리 종식

되고, 21세기를 향한 통일 민족 사회의 진로가 활짝 열리게 될 것을 두 손 모아 간절한 마음으로 기원하고 있습니다. 이미 온 세계 인류 사회가 탈냉전 사회로 접어들어 21세기의 새 지평을 열어나가기에 여념이 없는데, 유독 한반도만이 냉전의 섬처럼 고립되어 민족 자해적인 체제 경쟁에 몰두하고 있는 것은 불행한 일이 아닐 수 없습니다.

통일은 이미 우리 앞에 가까이 와 있습니다. 다만 우리의 마음이 열려 있지 못한 것일 뿐입니다. 작금의 남북 관계는 아직도 남과 북 모두가 냉전의 산물인 불신과 증오를 떨쳐버리지 못하고 있음을 적나라하게 보여주고 있습니다. 이제라도 우리는 이념과 체제를 앞세워 동족을 미워하고 분단을 정당화해온 지난날의 어리석음을 참회해야 합니다.

통일은 평화의 그릇에 담겨야 합니다. 평화가 없는 곳에 화해와 일치가 있을 수 없으며, 더구나 서로의 삶이 하나가 되는 통일이 자리 잡을 수는 없기 때문입니다. 참된 평화는 인간에 대한 깊은 신뢰에서 비롯됩니다. 체제와 이념을 넘어 인간에 대한 신뢰, 민족 공동체에 대한 신뢰를 깊이 뿌리내릴 수 있을 때 평화통일은 가능한 것입니다.

조국의 평화적 통일을 염원하는 자주 · 평화 · 민족 대단결의

3대 원칙을 재확인합니다. 또한 남북한 당국이 서로 실체를 인정하고 화해와 협력을 약속했던 '남북 합의서'를 성실하게 실천해나갈 것을 강력히 촉구합니다. 아울러 우리 민족 스스로의 힘으로 통일 민족 사회의 길을 열어나갈 수 있도록 당국자 간 대화를 조속히 재개하고 민간 주도의 대화와 협력도 전폭적으로 지원하여 명실상부한 공존공영의 길을 앞당겨 열어나갈 것을 남북한 정치 지도자들에게 간곡히 당부드리는 바입니다.

이것은 1994년 광복절을 맞이하여 김수환 추기경이 휴전선 남측 임진각에 가서 발표한 「평화 통일 선언문」의 요지다.
김수환 추기경은 관념으로만 "통일을 하자"라고 말하며 북한을 경계하고 있거나, 북한이 남한에 흡수되어 들어오는 때만 기다리고 있는 일방주의자가 아니다. 이념과 제도를 넘어 만남을 실천하자는 것은 이미 '국가보안법'의 차원을 넘어서는 것이다.
만약 남한에서 국가보안법이 폐지되었다고 하자. 그러면 바로 통일이 되는가. 진보적인 통일론자라 하더라도 어떻게 답변할 것인가. 통일국가의 체제를 구체적으로 어떻게 짤 것인가. 언론 자유·다당제·3권 분립의 원칙은 있어야 하나,

없어도 되나. 어떻게 하는 것이 인간 본성과 자연법적 양심률에 맞는 것인가.

이러한 문제들은 말과 논리로만 따지면 해결하기 어렵다. 그러므로 같은 인간으로서 신뢰하며 만나기를 실천하는 것이 본질적인 순서라는 것이다.

만나서 '대화'를 해야 한다.

대화의 대상에서 제외되어야 하는 사람은 없다. 대화해야 하는 이유는 '진리에 대한 사랑'이기 때문이다. 나를 박해하는 이와도 대화해야 한다. 오류를 범한 이와도 대화해야 한다. 오류를 범한 이에게도 '인간'으로서의 존엄성은 계속 남아 있기 때문이다.

이것이 가톨릭의 사회 교리 「일치와 발전」 안에 있는 원리다.

김수환 추기경은 미전향 장기수들이 사는 집에도 방문했다. 미전향 장기수 양희철 씨가 옥중에서 독학으로 한의학을 공부해 출옥 후 1999년에 개업한 봉천동 '우리 탕제원'을 찾아간 것이다. 그러한 방문은 인간으로서의 삶에 대한 격려다. 격려를 할 때엔 미소를 짓고 덕담도 하는 것이다.

미전향 장기수는 북에서 남파된 간첩이 체포되어 장기수로 옥고를 치르면서도 끝까지 사회주의 사상을 버리지 않은 사람을 말한다. 이러한 이를 방문해 격려를 하는 김수환 추기경 자신이 국가보안법에 걸릴 만한 대상이 아닌가.

모든 것을 초월하여 인간으로 만나서 사랑하는 것이 중요하다. 이러한 사랑의 실천자를 가리켜 정치적이라 하고 국가보안법의 필요성을 앞장서 주장한다고 말하는 것은 성서의 복음 정신에 차원이 미치지 못하는 경우가 아닌가. 그런데 이렇게 소통이 안 되는 경우를 당해서도 김수환 추기경은 "세상이 원래 그런 것"이라고 말하며 웃었다.

그 웃음의 분위기가 내게는 쓸쓸하게 느껴져 집에 돌아온 후 「김수환 추기경」이란 제목으로 한 편의 시조를 적어 보았다.

김수환 추기경

시골 성당 젊은 신부 아름다운 그 시절
가난과 깊은 정이 평생에 그리운데

어이해 십자가 지고 명동 언덕 올라섰나

불화살 최루탄이 발 앞에 날아와도
하느님 모습 닮은 인간이 존엄해
자유와 민주의 횃불 환하게 밝힌 이

김수환 추기경을 겨레가 기리는데
때로는 애꿎은 구설에 외로워도
세상이 원래 그렇지 여기는 님이여